Misocolas Schmeichlerfeind

Neue hyperboreische Briefe

Misocolas Schmeichlerfeind

Neue hyperboreische Briefe

ISBN/EAN: 9783743606821

Hergestellt in Europa, USA, Kanada, Australien, Japan

Cover: Foto ©Andreas Hilbeck / pixelio.de

Weitere Bücher finden Sie auf **www.hansebooks.com**

Neue
Hyperboreische Briefe

oder

politische Träumereyen, Einfälle und Erzählungen

aus

meines Vetters Brieftasche.

Herausgegeben

von

Misocolax
Samländer.

Altona,
bey der Verlagsgesellschaft
1796.

Mein Vetter und seine Brieftasche.

Das Publikum wird vermuthlich den Mann, aus dessen Brieftasche ich die gegenwärtigen Traumereyen, Einfälle und Erzählungen mittheile, etwas genauer wollen kennen lernen. Daß er mein Vetter sey, wissen die Leser schon aus dem Titelblatte; aber dieser Umstand wird ihnen zu weiter nichts nützen, als ihnen begreiflich zu machen, wie er sich habe entschließen können, mir seine Papiere zur Bekanntmachung zu überlassen. Vetterliche Freundschaft verhalf manchem zu einem einträglichen Amte, welches der Beförderte wegen seines Verstandes, seiner Geschicklichkeit und Redlichkeit vielleicht nie erhalten hätte. Mein Vetter, welcher keine Gelegenheit hat, mir eine Beförderung zu verschaffen, welcher mich nicht einmal zu einem Amte verschlagen würde, das seiner Ueberzeugung nach ein anderer mit mehrerm Vortheil für das gemeine Beste bekleiden könnte, machte mich zum Herausgeber seiner Gedanken, um mir dadurch ein kleines Einkommen zuzuwenden. Er erlaubte mir dabey, bisweilen etwas von dem Meinigen, aber unter meinem Namen, hinzu zu setzen, machte mir die ausdrückliche Bedingung, wo ich von seinen Meinungen abginge, meine entgegenstehenden Ueberzeugungen offenherzig zu äussern, und versprach mir alles anzumerken, was ich von seiner Correspondenz, zum Nutzen und Vergnügen der Leser, ohne Indiscretion bekannt machen könnte.

Aber der Mann selbst? sein Name? sein Character? Seinen Namen darf ich nicht nennen; und was kann auch dem Publikum daran gelegen seyn? Der Werth einer Münze wird dadurch weder höher noch geringer, der Geschmak einer Frucht weder lieblicher noch herber, wenn ich den Münzmeister kenne, unter dessen Augen das Geld geschlagen wurde, oder den Gärtner, der den Baum zog. Mein Vetter, weit von aller Autoreiteltkeit entfernt, wünscht unbekannt zu nützen und zu vergnügen, und sollte er statt dessen, welches wider seine Absicht geschehen würde, nur Langeweile verursachen, unbekannt critisirt zu werden. Wer wollte ihm die Gewährung dieses Wunsches nicht gönnen?

Um den Lesern gefällig zu seyn, will ich ihnen jetzt von meinem guten Vetter so viel eröffnen, als ich schon kann, ohne litterarischen Spionen auf die

die Spur zu helfen. Er ist ein ehrlicher Mann; dies erhellt schon aus dem, was ich bisher von ihm erzählte; und er hält es für Pflicht, es zu seyn. Er wünscht allen Menschen von ganzem Herzen Wohl; und wenn er in seinen Aufsätzen bisweilen Ironie und satyrische Wendungen braucht, so sucht er nicht zu beleidigen, sondern zu bessern. Vor allen Dingen suche er selber seinen Verstand täglich mehr aufzuklären, täglich moralisch besser zu werden. Er gibt auf alles, was um ihn her vergeht, genau Achtung, um in dem Hause, das er bewohnt, unter den Menschen, die es mit ihm bewohnen, kein Fremdling zu seyn; um sich seinen Aufenthalt unter seinen Mitbewohnern so angenehm als möglich zu machen, und so viel er kann, zu ihrem Besten beyzutragen. Der Grundsaz, den er bey seinen Beobachtungen befolgt, ist der, den Horaz schon angab, nill admirari, über nichts zu staunen, durch nichts sich irre machen zu lassen. Daher hat er nie weder zu einer religiösen, noch zu einer philosophischen, noch zu einer politischen Parthey gehört; daher hat er, wo manche andre leidenschaftlich Parthey nahmen, es sich beständig zum Gesez gemacht, sich nach den Aussprüchen der Vernunft und der Erfahrung zu bestimmen. Wenn ich übrigens seine Gedanken, Träumereyen und Einfälle nenne, so geschieht dies auf sein Geheiß, weil er nicht stolz genug ist, um alles, was ihm wahr scheint, aus

A 3   dem

dern als Wahrheit aufzubringen, und bemerkt zu haben glaube, daß oft uns, was ihm vormals ausgemacht schien, bloße Träumerey, und was er lange für die gegründetste Beobachtung gehalten hatte, ein bloßer Einfall war.

        Nicolai
         Gemeisterlein.

Brodt und die Constitution.
Brodt und Frieden!

Brodt und die Constitution! so rief bey dem
lezten Aufstande das empörte Volk von Paris;
Brodt und Frieden! rief fast um eben die Zeit
das Volk der brittischen Hauptstadt. Ich will
den Werth der französischen Constitution von
1793, welche das Pariser Volk verlangte, nicht
untersuchen; ich will nur bemerken, daß dem,
der eben von einer reichlich besetzten Tafel gesät-
tigt aufsteht, so leicht nicht einfällt, daß ohne
Brodt die beste Constitution nichts ist, und daß
ein hungriger Magen zuerst nach Brodt schreit.
Hunger ist der Gefährte des Krieges, der Anarchie und einer schlechten Staatsverwaltung; eine
Wahrheit, die bisher die Erfahrung aller Zeiten bestätigte, und die Fürsten und Unterthan-
nen so oft zu vergessen scheinen. Theurung der
Lebensmittel ist eine Folge des französischen Krieges, die gegenwärtig selbst in neutralen Ländern
empfunden wird. Der gemeine Mann, von
Uebelgesinnten aufgehezt, hat an einigen Orten,
aus Furcht, der Theurung möchte gänzlicher

Mangel folgen, sich wider die Obrigkeit auf‌gelehnt, eigenmächtige Nachsuchungen angestellt, und sich an dem Eigenthum der Staatsbürger vergriffen. Er sah nicht ein, oder bedachte nicht, daß ein geplünderter Handelsmann nicht mehr im Stande ist, seine Mitbürger mit den un‌entbehrlichen Bedürfnissen des Lebens zu verse‌hen, daß, wenn Raub und Gewaltthätigkeiten in einem Staate unbestraft bleiben sollten, bald die schrecklichste Anarchie hereinbrechen, und Hunger und Elend, als untrennliche Beglei‌ter mit sich führen würde. Doch wie wollen wir vernünftige Ueberlegungen von einem rohen Haufen erwarten, dessen Begriffe kaum über die Sphäre seiner häuslichen Bedürfnisse reichen?

Glücklicher Weise gibt es Fürsten und Mi‌nister, die es auf sich nehmen, nicht bloß für den rohen Haufen, nein, für die Millionen Ein‌wohner eines Landes zu denken. Sie haben das Wohl der Menschheit in Händen; und ihren Einsichten, ihrer Weisheit ist es zuzutrauen, daß es unter ihrer Pflege gedeihen werde. Ihre Menschenliebe bürgt uns dafür, daß sie bey allen ihren großen Unternehmungen keine andere als wohlthätige, landesväterliche Absichten hegen; und hieraus folgt nothwendig, daß sich die von ihnen beherrschten Völker zu allem, selbst zum Hungerleiden verstehen müssen, daß dies zu ih‌ren

cem Besten diene, und daß das Geschrey nach
Brode und Frieden unpatriotisch, daß es das
Geschrey einer strafbaren Empörung sey. Freylich scheint die Weisheit anderer Regierungen,
die sich durch keine Vorstellungen, durch keine
Drohungen bewegen ließen, dem kriegerischen
Systeme der übrigen beyzutreten, diesem Schlusse zu widersprechen. Freilich können die Unterthanen dieser friedlichen Regierungen sich satt
essen, indeß Mangel in Ländern herrscht, deren
Oberhäupter Krieg gegen das ruchlose Frankreich beschlossen, und es durch Schwert und
Hunger zu besiegen drohten. Allein dieser Widerspruch wird vermuthlich nur scheinbar seyn.
Die Hungernden werden sich an dem trostvollen
Gedanken laben, daß eine höhere Weisheit als
die ihrige, ohngeachtet der unangenehmen Folgen, die daraus für sie entspringen mußten,
den Krieg nicht zu vermeiden fand; und ihre
Priester, so lange sie noch selbst nicht hungern,
werden ihnen die noch trostvollere Versicherung
geben, daß das höchste Wesen diese Uebel über
sie verhängte, um sie für ihre Vergehungen zu
bestrafen und auf den rechten Weg zu leiten.

Sonderbar ist es doch, daß England über
den Mangel Frankreichs triumphirt, indeß der
Hunger an einem großen Theile seiner eigenen
Bürger nagt; daß es sich über den tiefgesunkenen Preis

Preis der französischen Assignate freut, indeß es selbst durch ungeheure Ausgaben sich einem allgemeinen, unvermeidlichen Bankerotte naht. Sonderbar ist es, daß in einem Lande, wo Friedrich II nach dem schrecklichen siebenjährigen Kriege, der seine eignen Staaten verheerte, Getraide und Mehl unter die Nothleidenden austheilen, und dem Landmanne Saatkorn zu Besäung seines Ackers schenken konnte, daß in eben diesem Lande, nach einem außer seinen Gränzen geführeten Kriege, die Theuerung zu einer drohenden Höhe steigt. Zu Landsberg an der Warthe wurde, einer glaubwürdigen Nachricht zu folge, am 25ten des vorigen Monats das Brodt nicht etwa Unzenweise vertheilt; viele Bürger konnten gar keines erhalten, weil es den Bäckern an Mehl fehlte, und diejenigen, die dessen noch im Vorrath hatten, es zurückhielten, um es desto theurer zu verkaufen. Eine lange anhaltende Dürre ließ in den sandigen Feldern Brandenburgs eine wenig ergiebige Erndte erwarten. Polen, die Kornkammer von Europa, ist durch einen unglücklichen, durch höhere Weisheit freilich nothwendig gewordenen Krieg, verwüstet. Tröstende Aussicht für die Menschheit! Unergründliche Washeit, die die Welt regiert!

Catechismus der Tyranney.

Unter Robespierres Papieren wurde unter andern ein politischer Catechismus gefunden, welcher ihm vermuthlich als Leitfaden bey seinem Verhalten dienen sollte. Die catechetische Form solcher Noten ist eben nicht neu; das muß jedem Geschichtskenner und Geschäftsmanne bekannt seyn. Aber der Inhalt des Stücks, wovon die Rede ist, muß der nicht sehr neu scheinen? Meinem Vetter kam er nicht so vor. Er meinte, Robespierres Catechismus richtig verstanden, wäre für jeden Diener eines despotisch regierten Staates brauchbar. Ich theile hier seine Bemerkungen mit, worüber ich, als ein Laie in der Staatskunst, nicht zu urtheilen im Stande bin, die ich aber sicherlich aus Ehrfurcht für alle hohe Häupter und deren Diener nicht gewagt haben würde, nieder zu schreiben.

Man

Man sieht wohl, sagt mein Vetter, daß Robespierre durch Aufklärung des Volks über sein wahres Interesse gerade das Gegentheil versteht, Verfinsterung seines Verstandes, Verbreitung solcher Vorstellungen und Grundsätze, welche ein raubsüchtiges und blutdürstiges Regierungssystem begünstigen. Es ist offenbar, daß die feilen Schriftsteller, die er geächtet wissen will, keine andre sind, als solche, die dem Volke seine Tyrannen unter ihrer wahren Gestalt darstellen, und ihm die abscheulichen Absichten derselben enthüllen, die es zur Wiederherstellung bürgerlicher Ordnung aufrufen, und es ermuntern, sich nicht länger als Spielball oder Werkzeug der blutigsten Tyrannen brauchen zu lassen. Die Grundsätze mancher Minister in unserm eignen Vaterlande sind durch Religions- und Censuredikte, durch mündliche und schriftliche Aeusserungen, durch Verbote freymüthiger Schriften, durch Bestrafung freyer Reden, durch öffentliche Polizey- und andern Anstalten bekannt genug, um in einem politischen Catechismus deutlich dargestellt zu werden. Vielleicht findet sich ins künftige dergleichen einmal unter den Papieren eines Staats-Dieners, oder in einem Cabinettsarchive. Ein Minister-catechismus, auf die Art des Robespierrischen abgefaßt, und diesem zur Seite gestellt, würde ohngefähr so lauten:

Robes-

Robespierre.	Minister.
F. Was ist der Zwek?	F. Was ist der Zwek?
A. Die Ausübung der Constitution zum Besten des Volks.	A. Die unbedingte Unterwerfung des Volks unter die Willkühr des Monarchen und der privilegirten Stände.
F. Was für Feinde werden wir haben?	F. Was haben wir für Feinde?
A. Die Bösewichter und die Reichen.	A. Die Bösewichter und die Aufklärer.
F. Was werden sie für Mittel anwenden?	F. Was für Mittel wenden sie an?
A Beeidumbung und Heucheley.	A. Enthüllung unserer Absichten und Entwikkelung der Menschen- und Bürgerrechte.
F. Wodurch kann die Anwendung dieser Mittel begünstigt werden?	F. Wodurch kann die Anwendung dieser Mittel begünstigt werden?

Robes

Robespierre. **Minister.**

R. Durch die Unwissenheit der Sansculotten.

M. Durch die Aufklärung der gedrückten Unterthanen.

R. Man muß also das Volk aufklären. Welche Hindernisse stehen aber dem Unterrichte des Volks im Wege?

M. Man muß also das Volk in der Dummheit erhalten. Welche Hindernisse stehen aber dieser unserer guten Absicht im Wege?

R. Die sellen Schriftsteller, die es täglich durch unverschämte Betrügereyen irre leiten.

M. Die unberufenen Schriftsteller, die unverschämt genug sind, dem Volke glauben zu machen, der Zweck des Staats sey Sicherstellung der Menschen- und Bürgerrechte, und Geistesfreyheit sey ein unveräußerliches Gut.

R. Was folgt hieraus?

M. Was folgt hieraus?

R. Erstlich, daß man diese Schriftsteller als die geschwätzigsten Feinde

M. Erstlich, daß man den Druck aller Schriften, die dergleichen

Robespierre.

te des Vaterlandes ächten; und zweytens, daß man gute Schriften reichlich verbreiten muß.

Minister.

Grundsätze enthalten, verhindern, oder wenn sie aus dem Auslande hereingebracht werden, für Contrebande erklären; daß man die Verfasser solcher Schriften, als die gefährlichsten Feinde der öffentlichen Ruhe, einkerkern oder fortjagen; — und zweytens, daß man durch sorgfältige Verbreitung, worin Grundsätze enthalten sind, Unwissenheit, Aberglauben und Sklavensinn befördern, und die Schriftsteller, die zur Erreichung unsers Zweckes redlich mitwirken, belohnen muß.

Beytrag
zur
Geschichte der Revolutionen
in Deutschland.

Deutschlands Fürsten hatten sich noch kaum von dem ersten Schrecken über den Ausbruch der französischen Revolution erholt, als schon das Gerücht die Nachricht von einer gewaltsamen Staatsveränderung, die im Hochstifte Lüttich begonnen hatte, mit den fürchterlichsten Umständen verkündigte. Das ganze deutsche Reich erschrak; die Furcht, die alles vergrößert, sah schon den Umsturz der deutschen Reichsverfassung vor Augen, hörte sie schon in allen Fugen krachen. Das Reichskammergericht zitterte, es ließ lateinische Gehorsamspatente an die Unterthanen, und foderte durch ein mandatum auxiliatorium et protectorium die kreisausschreibenden Fürsten des westphälischen Kreises, halb in deutscher und halb in lateinischer Sprache, zu thätiger Unterstützung ihrer Patente auf.*)

Die

*) Man zeige doch in meinem Orter seiner Unwissenheit, als ob es den Umstand, daß das Kammer=

Die Folgen dieser Maßregeln sind bekannt. Itzt deß verbreitete sich das Gift der französischen Grundsätze, wie vormals das Gift der Reformotion, auch unter die schwäbischen Bauern an der französischen Gränze. In einem Theile der Ortenau, wurden die östreichischen Beamten fortgejagt. Die Bauern des Amts Oberkirch foderten ihren großen Freyheitsbrief, der mit sieben Siegeln versehen und von sieben Kurfürsten unterschrieben seyn sollte, und die Gengenbachischen Unterthanen ein rothes Buch mit eisernen Reifen, mit Gewalt zurük. Die Reichsstadt Gengenbach, welche nach Norrman gegen 300, nach Poschern, in seinen Beyträgen zur neuesten Geschichte der Empörungen deutscher Unterthanen ꝛc. 60 Bürger enthält, kam in das schreklichste Gedränge. Der hochansehnliche Magistrat (inclytus magistratus) dieser Stadt erklärte in pleno Senatu, daß er das höchstpflichtwidrige und widerspenstige Betragen der Bauern, bey den wirklich bestehenden gefährlichen aufrührischen

---

unterricht in deutsch und französisch redenden Unterthanen und Deutschen die Lateinische Sprach, als etwas besonders aufhörte, weil er etwa nicht wußte, daß dies einem alten, ehrwürdigen Gebrauche zufolge geschah. Wie ehrwürdig aber jeder alte Gebrauch sey, ich, wird das geneigte Publikum aus allen seinen Aufsäzen ersehen.
                                    Der Herausgeb.

elischen Zeiten, sich nun gefallen lassen müßte, zeigte aber doch, nach verschiedenen fruchtlosen Unterhandlungen, dem kaiserlichen Reichskammergerichte den ganzen Vorgang an. So gab einst der Senat von Rom dem Volke nach, als es auf den heiligen Berg entwichen war, und berathschlagte zu gleicher Zeit über die besten Mittel sich auf die Zukunft Gehorsam zu verschaffen.

Ohngeachtet aller kammergerichtlichen Erkenntnisse und aller darauf erfolgten Executionen, dauerten die Volksgährungen in unserm Vaterlande an verschiednen Orten fort. Kluge Regierungen kamen durch Abstellung gegründeter Beschwerden dem Ausbruche wilder Volkswuth zuvor; andre machten durch übelangebrachte Strenge das Uebel nur ärger. Bey mehrern Gelegenheiten zeigte sich die Aufklärung als eine Freundin der Ordnung und der Gesetze, die Unwissenheit als eine Freundin der Unordnung und der Anarchie.

Der Fortgang der französischen Revolution, die erwünschten oder schrecklichen Begebenheiten, von denen sie begleitet wurde, verbunden mit dem, was in den Niederlanden und in Lüttich vorging, der Krieg der Deutschen mit den Franzosen und die Siege der letztern, alles dieses
mußte

mußte selbst den trägsten Kopf zum Nachdenken wekken, mußte Ideen gemein machen, über die bisher nur der Philosoph oder der Lehrer des Naturrechts in seiner Studierstube gebrütet hatte, mußte in der öffentlichen Meinung eine Revolution hervorbringen, die durch tausend Bücher nie hervorgebracht seyn würde. Mehrere Regierungen ergriffen die gewaltsamsten Maßregeln, um den Gang der öffentlichen Meinung zu hemmen, und bewirkten gerade das Gegentheil von dem, was sie wünschten. Sie zitterten vor dem Gespenste einer Propaganda, einer Gesellschaft, die es sich vorgeblich zum Geschäfte machte, durch besoldete Emissarien Fürstenhaß und ungebundene Freyheit in allen Ländern Europas zu predigen, und waren es selbst, die durch ihr verkehrtes Betragen den Unterthanen die Lehren, deren Fortgang sie hindern wollten, nur noch interessanter machten, waren es s... st, die Mißtrauen gegen ihre eignen Absichten erregten, und die Köpfe noch mehr erhitzten, anstatt sie zur ruhigen Vernunft zurük zu bringen. — Indeß wurde Belgien eingenommen und Mainz erobert; und nun sah Deutschland eine seiner ältesten und angesehensten Hauptstädte nach französischen Grundsätzen revolutioniren. Hier schien jetzt der Heerd zu seyn, von woher, wenn es die Fürsten nicht hinderten, die Flamme des Empörung sich über ganz Deutschland verbreiten würden. Der ernsthafte Deutsche sah hier indessen nur Äffen, die unter Anleitung der Franzosen Revolution spielten, und einige würdige Männer, die wider ihre Meinung sich mitzuspielen entschlossen, um den Schaden, den jene anrichten konnten, zu verhindern, oder doch zu verringern. Bey der Wiedereroberung von Mainz wurden die Unschuldigen mit den Schuldigen verwechselt, Menschen, die bloß Spott verdienten, wie Bösewichter behandelt, und selbst solche, die nur der Uebermacht gewichen waren, selbst Männer, die, durch gebieterische Umstände in den Strom der Revolution mit fortgerissen, die wichtigsten Verdienste um ihre Mitbürger sich erworben hatten, mit barbarischer Härte gestraft. Eine solche Ungerechtigkeit mußte empören, anstatt zu bessern. Selbst die Greuel, die die französische Revolution befleckten, machten nicht den tiefen, dauernden Eindruck, den sie unter andern Umständen hervorgebracht haben würden, weil ein großer Theil des Publikums entweder den mehrmals verfälschten öffentlichen Nachrichten nicht mehr traute, und die Erzählungen von jenen entsetzlichen Mord- und Räuberszenen für übertrieben hielt, oder die Ursache davon in der Einmischung der

der fremden Mächte in die Angelegenheiten Frankreichs zu finden glaubte.

Sie sind vorüber, die fürchterlichen Crisen, die so oft unsere festesten Ueberzeugungen erschütterten, unsere zuversichtlichsten Hoffnungen niederschlugen, unsern Glauben an die Würde der Menschheit, an ihre Bestimmung zur höchsten Veredlung im Genusse der Freyheit, zu vernichten drohten. Die heftigsten Stürme werden uns itzt nicht mehr wankend machen. Wir wissen nun die Menschen vor der Sache der Menschheit zu unterscheiden. Die Leidenschaften, die unendlichen Bewegungen, die das Schauspiel einer großen blutigen Revolution hervorbrachte, weichen itzt der ruhigen Ueberlegung. Der Partheigeist schweigt vor der Stimme der prüfenden Vernunft, die mitten unter dem Getöse der Waffen, umringt von zahllosen Schlachtopfern des republikanischen und monarchischen Despotismus, die Rechte des Menschen und des Bürgers vertheidigte. Die öffentliche Meinung erhält Consistenz, und bindet sich nicht länger an äußere Formen. Der Deutsche, der vormals bey der Nachricht von der Einnahme der Bastille in Zuckungen der Freude fiel, ohne von eben den entsetzlichen Auftritten, die der Eröffnung dieses großen Schauspiels folgen sollten, nur das geringste zu ahnen; der nachher die Constitution von 1791 als das erhabenste Meistertuf des menschlichen Geistes ansah, und von ihr sich die seligsten Folgen versprach; der dann bey dem Angriffe seiner kriegerischen Landsleute auf Frankreich für Europas Freyheit zitterte, und bald darauf über ihre mißlungenen Unternehmungen als das Ende alles geschehenen Unglücks frohlockte; der den unter dem Messer der Guillotine gefallenen Ludwig als das unglückliche Opfer einer verschmitzten Politik bedauerte, und in das Freudengeschrey, es lebe die Republik! mit einstimmte; der nun die neue Constitution mit Sehnsucht erwartete, und bald darauf bey den Schreckensszenen, die ihrer Bekanntmachung folgten, an der Möglichkeit verzweifelte, ein grosses Volk vom Joche des Despotismus le befreyt zu sehen; eben dieser Deutsche sieht jetzt das schreckliche Beyspiel seiner Nachbarn als eine unvergeßliche Lehre für Völker und Fürsten an; als Lehre für jene, sich aus der Unwissenheit herauszuarbeiten, die sie hindert, ihre unveräusserlichen Rechte zu erkennen, und für die Erhaltung derselben zu wachen; als Lehre für diese, die Rechte der Völker zu ehren, der Stimme der Gerechtigkeit und der Menschlichkeit Gehör zu geben, um nicht dereinst, wenn diese, eines unerträglichen Druckes müde, auf einmal wüthend ihre Ketten zerbrechen, sich selbst und ihre Staaten einem unvermeidlichen Verderben zu überliefern.

Es

Es ist nicht leicht zu vermuthen, daß bey der gegenwärtigen Lage der Dinge die Völker, daß besonders deutsche Unterthanen diese Erinnerungen verachten werden; möchten nur auch die Fürsten, zum Besten der Menschheit sie nicht vernachläßigen! Unglücklicher Weise bleiben diese fast immer hinter ihrem Jahrhunderte zurück.. Unglücklicher Weise glauben sie nur Rechte zu haben, von ihren Unterthanen nur Pflichten verlangen zu dürfen. Die öffentliche Meinung, die sich kühn gegen dieses Vorurtheil erklärt, scheint ihnen lesemajestät zu seyn. Daher ihre bis zum lächerlichen gehende Angst bey jedem ernsthaften Widerstreben gegen Unterdrückung; daher ihre Bemühung, den Druck noch zu vergrößern, anstatt ihn zu erleichtern; daher ihre Sorgfalt, jede freymüthige Vorstellung, als einen unerlaubten Eingriff in ihre als allerhöchsten Gerechtsamen, mit Härte abzuweisen; daher die ernsten Anstalten gegen den geringsten Auflauf, der durch bloßes gütiges oder nachdrückliches Zureden zu verhindern war; daher das Besolden ehrloser Spione und Angeber, welche die arglosesten Aeußerungen, selbst freundschaftliche Herzensergießungen, zu Landesverrath stempeln; daher endlich der Haß gegen religiöse und bürgerliche Aufklärung, welche als die Stiftern alles Unheils in der Gesellschaft angesehen wird,. weil sie Menschen . ihre Würde

seyn

kennen lehrt, und Sklaven zu Staatsbürgern erhebt.

Noch ist es nicht lange, daß ein deutscher Fürst, der sonst, wegen seiner politischen Einsichten, wegen verschiedner weiser und wohlthätiger Einrichtungen in seinem Lande, andern Regenten zum Muster dienen kann, seiner Würde und seiner Pflichten so weit vergaß, daß er mit eigner hoher Hand Recht suchenden Unterthanen Stokprügel zutheilte. Es waren Landleute, die sich über einen ihrer Vorgesetzten und ihren Pfarrer, beklagten; und ihr Verbrechen bestand darin, daß sie auf Befragen, wer sie wären, sich Deputirte ihrer Gemeinde nannten.

Noch neuer ist die Geschichte einer befürchteten Revolution in einer kleinen sächsischen Residenzstadt. Ein Handwerksmann hatte einen andern von seiner Profession, der ihn um die Wiederbezahlung eines Darlehns bat, frevelhafter Weise ermordet, und noch, indem sein Gegner, oder vielmehr sein Wohlthäter fiel, seine Freude hierüber laut zu erkennen gegeben. Er wurde nach den Gesetzen zum Tode verurtheilt; aber der Fürst milderte das Urtheil dahin, daß die Todesstrafe in einen Arrest auf drei Jahre verwandelt wurde. Die scandalöse Geschichte

fäng:t

führt als Ursache dieser väterlichen Milde an, daß der Verbrecher zu einer Familie gehört, die die Ehre hatte, dem Fürsten eine Geliebte zu geben. Ehe noch die bestimmte Arrestzeit zu Ende war, wurde der Mörder seines Mitbürgers losgelassen. Er suchte Gesellen, um seine vorige bürgerliche Nahrung fortzusetzen; allein niemand wollte bey einem Manne arbeiten, dem die Gesetze wegen eines vorsetzlichen Mordes die Todesstrafe zuerkannt hatten. Eine Weigerung, die dem Ehrgefühl dieser sonst wenig gebildeten Menschen zur Ehre gereichte, und die selbst die Klugheit befahl, da von einem so gewaltthätigen, und durch Ungestraftheit vermuthlich noch kühner gewordenen Manne, niemand etwas anders als rauhe Behandlung erwarten konnte. Der Fürst befahl, die Handwerksgesellen weigerten sich zu gehorchen; und die Zunftmeister nehmen sich ihrer an. Nun wurde Gewalt gebraucht. Eine starke Anzahl jener Widerstrebenden wurde an hellem Tage in Arrest geführt, um Gehorsam gegen landesherrliche Befehle zu lernen. Die Einwohner liefen in Menge zusammen, und folgten dem Zuge. Auf einmal fliegt die Nachricht von einem allgemeinen Aufstande zum Schlosse des Fürsten: das Volk, heißt es, ist gegen das Schloß im Anzuge. Der ganze Hofstaat wird bewaffnet und bereiten gemacht, das Militär zusammengezogen.

gen. Der Hofmarschall eilt dem neugierigen Haufen entgegen, der nicht weiß, was diese feindseligen Anstalten zu bedeuten haben. Der Landesfürst, die Hetzpeitsche in der Hand, stürzt unter seine Unterthanen, mißhandelt einen derselben, und zerstreut die übrigen. Die Handwerker sind in ihrem Amtshause versammlet; die Thür wird mit Mannschaft besezt; und der vermuthliche Erbe des Fürsten befiehlt mit donnender Stimme, jedem dieser Aufrührer, dieser jacobinischen Hunde, der sich nur wird sehen lassen, durch den Kopf zu schießen. Unterdessen sind die Thore geschlossen, und die aufgebotenen Landleute der umliegenden Gegend in Anmarsch. Eine hinlängliche Anzahl Pferde stehen gesattelt, um die Person des Fürsten und den Hof, im Fall das Glück sich auf die Seite des Volkes neigen sollte, in Sicherheit zu bringen. Doch diese Vorsicht war unnöthig gewesen; die belagerten Bursche, Schneider waren es, capitulirten, und die Ruhe war wieder hergestellt. Die verfluchte Aufklärung, die schon so manches Unheil in unserm lieben deutschen Vaterlande anrichtete, war auch an diesen Unruhen schuld gewesen. Der Landsherr, welcher, wie *** Ruhe und Ordnung im Lande haben will, und wie *** überzeugt ist, daß die sogenannten Aufklärer selbst nicht

wis

wissen, was sie wollen *), ließ die vornehmsten Gelehrten seiner Residenz vor sich fodern, bedeutete ihnen, wie er wohl wisse, daß alle Volksbewegungen von dem Geschwätze der Gelehrten über Menschenrechte und von ihren jacobinischen Grundsätzen herkommen, und verbot ihnen, unter Androhung seiner höchsten Ungnade, dergleichen Grundsätze ferner zu äußern, oder zu ihrer weitern Verbreitung nur auf die entferntest Weise beyzutragen.

Risum teneatis, amici **), sagte ein Freund, dem ich diese Nachricht aus dem Briefe eines meiner Correspondenten vorlas. Laß uns vielmehr die Fürsten bedauern, erwiederte ich meinem Freunde, und, wo möglich, ihnen zeigen, was zu ihrem Besten dient.

*) S. die Höchsteigenhändige Cabinettsordre Sr. Maj. an den Großkanzler von E.....r vom 5ten März 1792.

**) Enthalte sich, wer kann, des Lachens — Die Ungelehrten werden meinem Vetter die bisweilen eingemischten lateinischen Brocken verzeihen; die Gelehrten sind an diese Flöskeln nicht weniger als an das leidige Aufflicken gewöhnt.

Der Herausgeber.

Mill

Militärdespotismus
in einer Republik.
Aus einem Schreiben an einen Freund.

Wohl haben Sie Recht, mein Freund, wenn Sie behaupten, es sey noch nicht genug, unter einer freyen Verfassung zu leben, um auch für seine Person jederzeit der Früchte einer wohlgeordneten Freyheit zu genießen, wohl haben Sie Recht, wenn Sie hierzu Gemeinsinn und menschenfreundliche Sitten nothwendig finden. Mit Recht klagen Sie über die Grobheit, das ungesittete, rohe Betragen des hamburgischen Militärs; Bürger und Fremde haben sich schon lange darüber beschwert; und dennoch ist bisher, meines Wissens, noch kein ernsthafter Schritt geschehen, um diesen gegründeten Klagen, die gewiß einer von so vielen Fremden aus allen Welttheilen besuchten freyen Reichsstadt nicht zur Ehre gereichen, abzuhelfen.

Noch am 24. Junius Abends war ich selbst Augenzeuge eines Auftritts, der jeden Mann von Gefühl aufs äußerste empören mußte; und ich

ich wünschte ihn öffentlich bekannt zu sehen, um die braven, sonst für alles, was die Ehre und den guten Namen ihrer Vaterstadt betrift, so sehr empfindlichen Hamburger auf einen so ungeheuren Misbrauch der öffentlichen Gewalt aufmerksam zu machen. Ich hatte den Nachmittag mit einem Theile meiner Familie in Hamburg zugebracht, und war eben an der äussersten Pforte, die nach Altona führt, angekommen, als sie geschlossen werden sollte. Verschiedne andre Fußgänger, die noch von jener Seite her hereingingen, nöthigten mich, einen Augenblick stille zu stehen. Dies war auch der Fall eines wohlgekleideten jungen Menschen, der also hinter mir herkam, um die Stadt zu verlassen. Er war ganz mit Schweiß bedekt. Mit sanfter Stimme sagte er, nachdem er etwas Athem geschöpft hatte, zu einem, der vor der Wache paßirenden Soldaten: es wundert mich, daß heute das Thor gerade auf den Glockenschlag geschlossen wird; es pflegt sonst nicht so pünktlich zu geschehen. Ich bin ganz in Schweiß, so sehr habe ich geeilt, aus Furcht, in der Stadt eingeschlossen zu werden; und nun wäre es mir beynahe doch begegnet. — Der kommandirende Lieutenant, welcher gegenüber stand, hatte dies gehört; wütend kam er auf den jungen Mann zugesprungen, und fuhr ihn auf das unanständigste an, als einen Menschen, der die

Unver-

Unverschämtheit hätte, ihm Gesetze vorschreiben zu wollen. Er hätte ja nichts beleidigendes gesagt, erwiederte jener, und ging. Allein der brutale Lieutenant riß sein Gewehr von der Seite, und verfolgte ihn durch die Pforte, unter beständigem Schimpfen mit beiden Huben bis auf ohngefähr dreißig Schritte.

Die Sorgfalt für meine Familie hinderte mich, dem Beleidigten nachzulaufen, um ihm zu rathen, sich mit mir arretiren zu lassen, und wegen einer solchen atrocen Beleidigung Recht zu suchen. Kein anderer nahm sich seiner an; und vermuthlich war es Scham, die ihm rieth, sich so eilig als möglich den Blicken der Umstehenden zu entziehen. Vier Jahre habe ich in einem militärischen, despotischen Staate gelebt, und nie ein ähnliches Beyspiel gesehen. Sollten es die Hamburger nicht über allen Ausdruk schändlich finden, wenn diejenigen, die von ihnen besoldet werden, um öffentliche Gewaltthätigkeiten zu verhindern, selber solche barbarische Gewaltthätigkeiten begehen?

Ich erzählte bald darauf jemanden diesen Vorfall, und erhielt zur Antwort, dergleichen wäre an den Hamburgschen Thoren eben nichts neues. Ich erzählte ihn einem andern, und erfuhr von diesem einen neuen Zug von militärischer

rischer Brutalität. Ein Engländer stand im Dammthore, ohnweit eines Wachthauses stille, und betrachtete bald die Vorübergehenden, bald die reizende Gegend. Der Lieutenant, der die Wache hatte, machte sich einbilden, der Fremde nähme die Festungswerke in Augenschein, um einem Feinde Hamburgs den Punkt zu bestimmen, worauf er zu bequemer Ersteigung der hohen Wälle seinen Angriff richten müßte. Er ließ ihn einigemal fragen, was er da wollte, erhielt aber keine Antwort, weil der Fremde kein Deutsch sprach. Ohne weitere Untersuchung ließ er dem Manne, der nicht einmal die an ihn geschehene Frage verstanden hatte, dreißig Stokprügel zuzählen. Der Beleidigte wandte sich an den Minister seiner Nation, und der einsichtsvolle, menschliche Lieutenant wurde arretirt. Cassation, oder wenigstens Degradation, wäre für dergleichen Abscheulichkeiten doch wohl keine zu harte Strafe.

Ich kann Ihnen für die völlige Richtigkeit der letztern Erzählung nicht stehen; die erstere ist desto authentischer, und macht die andere glaublich. Von der Rohheit und Grobheit des hamburgischen Militärs im Ganzen *) bin ich leider,

*) Es giebt unter den hamburgischen Offizieren Männer, die durch ihr artiges, feines und mensch-

leider, mehr als einmal Zeuge gewesen; und ich erinnere mich noch ganz wohl, daß demselben bey Gelegenheit der Blanchardischen Luftfahrt, die so viele Freunde nach Hamburg zog, von dem Rathe ernstlich befohlen wurde, sich gegen die Zuschauer aller unhöflichen Aeußerungen und Behandlungen zu enthalten. Die Folge zeigte, was wir beyde bey ähnlichen Gelegenheiten mehrmals bemerkt haben, wie vernünftig dieser Befehl war; es ging unter der unzähligen Menge von Menschen, die diesem Schauspiele beywohnten, nicht die geringste Unordnung vor. Selbst der gemeine Haufen gehorcht ohne Murren der bewafneten Macht, wenn er sich mit Schonung behandelt sieht. — — — — — — — — — — — — — — — — —

Den 18. Jul. 1795.

menschliches Betragen jedem Militair Ehre machen würden. Daß der Vorwurf, den mein Vetter der Garnison in Hamburg im Allgemeinen macht, diese Männer nicht treffen solle, versteht sich von selbst.

Der Herausgeb.

Schreiben
des
Hauptmannes von U**
an
meinen Vetter,
über
die besten Mittel eine für Freyheit fechtende
Nation zu besiegen.

Hannover, den 3. Julius 1795.

Ew. Hochedelgebohren wollen von mir wissen, weswegen unsre tapfern Heere nicht mit mehrerm Erfolge wider die Franzosen gefochten haben. Ich schließe hieraus, daß der in des Herrn von Archenholz Minerva abgedrukte Aufsatz über die Fehler, die in dem gegenwärtigen Kriege begangen sind, so wenig als das, was der Herr Hauptmann selber verschiedentlich hierüber äußerte, Sie befriedigt habe. In der That weiß ich nicht, was diese Herren mit ihren Critiken wollen. Alles, was sie da vortragen, scheint auf den ersten Anblik ganz auf Vernunft und Erfahrung gegründet zu seyn; sie scheinen als Krieger, die über ihr Handwerk nachgedacht haben, zu raisonniren. Aber sagen Sie mir um des Himmelswillen, ist es möglich voraus zu sehen, daß unsre Befehlshaber das alles nicht eben so gut, und noch besser, als jene mißtrauischen Schriftsteller gewußt haben sollten? Gottes Weisheit ist der Menschen Thorheit, sagt der Apostel. Ich glaube mit gleichem Rechte behaupten zu dürfen, daß es gerade die weisesten Maßregeln unserer Fürsten und Heerführer seyn, die unsern raisonnirenden Offizieren und unsern Schriftstellern oder die Leicastkunst Thorheit zu seyn dünken. War der Erfolg anders als er hätte seyn sollen, so beweist dies weiter nichts, als daß in dieser Welt durch unglückliche Zufälle auch die mit der größten Weisheit gewählten Mittel mißlingen können. Ew. Hochedelgebohren scheinen dies gefühlt zu haben, indem Sie sich mit Ihrer Frage an einen Mann wenden, der von den erhabnen Einsichten seiner Obern innigst und schuldigst überzeugt, aus dem, was sie thaten, ihre weisen Grundsätze abzuziehen sucht, so wie der Weltweise oder der Gottesgelehrte aus dem, was die Vorsehung veranstaltete oder geschehen ließ, den großen Plan des Weltregierers entwickelt.

Ich kenne meine weniger Kräfte zu gut, um alle die Maßregeln der wider Frankreich verbündeten Mächte, alle die Mittel, deren sie sich

sich bedienten, alle die verschiednen Bewegungen ihrer zahlreichen und tapfern Heere im Zusammenhange mit einem Blicke überschauen zu wollen; dieß muß ich Fürsten und Feldherren überlassen; und ich wünschte, daß unsere Büchermacher und Journalschreiber, die aus ihren Studierstuben den unermeßlichen Schauplaz des gegenwärtigen Krieges zu überschauen wähnen, ihre unreifen Urtheile, so wie ich die meinigen, den höhern Einsichten jener erhabnen Wächter und Beschüzer der Menschheit unterwerfen möchten. Ich werde nur auf das sehen, was bey unserm Heere geschah, und meine Gedanken darüber bloß in Bezug auf Ihre Frage mittheilen. Ich sage, in Bezug auf Ihre Frage, nicht, zur Beantwortung derselben. Um eine solche Beantwortung zu wagen, müßte ich mir die allumfassenden Kenntnisse, den alles überschauenden Blik eines Fürsten oder eines Feldherren zutrauen; und überdem schikt es sich für keinen Hauptmann zu untersuchen, weder was der Grund unsers schlimmen Erfolgs gewesen seyn möge, noch warum wir überhaupt fochten. Aber das denke ich einem Manne von Ihrem Verstande leicht zu zeigen, daß bey uns die besten Mittel gewählt wurden, um eine für Freyheit fechtende Nation zu besiegen.

Die

Die Wahl unsers höchsten Befehlshabers war das erste vortrefliche Mittel hierzu. Ich darf Ihnen den Herzog von Jork, diesen zweiten Marlborough, nur nennen, um Ihrer Beystimmung gewiß zu seyn; Sie möchten sich denn von gewissen Leuten haben überreden lassen, es mangle ihm an militärischen Einsichten und Taleken, welches doch durch den bloßen Erfolg seiner Unternehmungen noch nicht erwiesen ist. Ohne einmal des Umstandes zu erwähnen, daß er eine Parthey selbst unter den Jakobinern hatte, ein Umstand, der seinen natürlichen Muth noch verdoppeln mußte, ist es schon genug zu bemerken, daß Feinde, die vom Freyheitstaumel trunken, und noch dazu von Brandtwein berauscht, — eine der sichersten Zeitungsanekdoten — sich zu Tausenden in einen gewissen Tod stürzten, daß solche Feinde einen General gegen sich haben mußten, der gleichfalls seine Krieger nicht schonte.

Dann die Art, wie wir unsre gemeinen Krieger aus unserm Vaterlande zusammenbrachten. Es muß Ihnen bekannt seyn, daß die französischen Soldaten durch Requisitionen zusammengebracht wurden, und theils aus Freyheitsenthusiasmus, theils aus Furcht vor der Guillotine den Grenzen zuströmten. Wir, um ihnen eine hinlängliche Anzahl von Truppen entgegen-

gegenzustellen, nahmen unsere Bauernsöhne mit
Gewalt, drohten ihnen, wenn sie zu Hunderten
austraten, in den Zeitungen mit dem Verluste
ihrer Habe, und machten ihre nochgebliebenen
Verwandten für ihre Flucht verantwortlich.
Wir stellten ihnen vor, daß der Streit die Freyheit des deutschen Vaterlandes, ja ihren eignen
Heerd, die Sicherheit ihrer Personen und ihrer
Familien gelte, und prühelten sie, wenn diese
Gründe nichts verfangen wollten, ins Feuer.
Hätten wir ie den Maßregeln unserer Feinde
schicklichere Maßregeln von unserer Seite entge-
genseßen können? war es möglich deren zu finden von denen wir uns mehr Wirksamkeit hätten versprechen dürfen. Sie wissen, der Stol
allein bringt bey dem Deutschen eine größere
Wirkung hervor, als Freyheitsenthusiasmus
und Guillotine bey den Franzosen; wer das Gegentheil glaubt, der ist ein Landesverräther.

Was unsre weisen Obern noch weiter zur
Erreichung ihres edlen Zweckes thaten, das mag
eine kleine Schrift Sie lehren, welche ein Herr
von Bülow, vormaliger Hauptmann in dem
Churhannöverischen Garderegimente, unter dem
Titel: Meine Dienstentlassung, in diesem Jahre herausgab *). Der Herr Verfasser
machte

*) In Hamburg bey Herold.

machte freylich diese Schrift zu seiner Vertheidigung bekannt, und stellt daher die nothwendigsten und vortreflichsten Mittel in einem falschen
und gehäßigen Lichte vor; aber Ihre gesunde
Beurtheilungskraft wird ohne Mühe das Wahre
vom Falschen scheiden, und sich gerade für das
Gegentheil von dem bestimmen, was der Herr
von Bülow uns möchte glauben machen.

Damit niemand die Pflicht eines treuen
Kriegers vergäße zu gehorchen, ohne zu fragen,
warum, so wurde den Offizieren mündlich und
schriftlich verboten über den Gegenstand des
Krieges und die Regierungsgrundsätze der Franzosen irgend eine Meinung zu äussern, die von
der höchsten Orts gebilligten Norm zu denken
und zu reden abweiche. In der mündlichen Ordre foderten Se. Excellenz, der Feldmarschall von
Freytag, jeden Offizier auf bedenkliche Aeusserungen, die er etwa von seinen Kameraden hören möchte, anzugeben; und die vom General-
kriegsgerichte zu Hannover erlassene Generals-
ordre befahl die größte Behutsamkeit und Zurück-
haltung in Unterredungen über öffentliche Begebenheiten und Zeitvorfälle, unter Androhung der
Dienstentsetzung und Landesverweisung *). —
Dem, der nicht sprechen soll, aufs Maul zu
schlagen, läßt sich etwas weiteres denken?

Man

*) S. die angeführte Schrift, S. 14.

Man wird sagen, das heiße einem Offizier seine Menschenrechte nehmen; und der Herr von Bülow scheint dergleichen wirklich zu verstehen zu geben. Aber, beym Himmel! was würde da heraus kommen, wenn ein Offizier von Menschenrechten sprechen wollte, indem er eben gegen Feinde marschieren soll, die ihrem Vorgeben nach zur Vertheidigung der Menschenrechte fechten? Müßte man nicht befürchten, er würde zu ihnen übergehen? Der ganze Krieg wird ja eigentlich nicht gegen die Bürger Frankreichs, sondern gegen ihre verderblichen Grundsätze geführt; das erhellt aus mehr als einem Manifeste; und wie werden doch nicht so ungesinnet seyn, Manifeste Lügen zu strafen. Keinen Offizier aber geht es etwas an, warum sein Landesherr, sein General jene Grundsätze für verderblich hält; warum gegen Grundsätze Krieg geführt wird.

Ungebetet, wird man ferner einwenden, und auch dies scheint der Verfasser zu verstehen zu geben, ist mit dem Ehrgefühl, welches von einem Offizier mit Recht erwartet wird, unerträglich. Ich antworte: Verrath zu offenbaren, dazu ist jeder verpflichtet; und durch die Ausübung seiner Pflicht kann sich niemand entehren. Ausgemacht aber ist es, daß ein deutscher Offizier, der sich im geringsten für die innern Angele-

genheiten Frankreichs interessirt, der lieber für
sein Vaterland als für fremdes Interesse streitet,
der, sollte es auch nur gegen Freunde geschehen,
seine Zweifel über den glücklichen Erfolg des
Krieges äussert, einen Verrath begehe. Ueber-
dem geschiehe das Angeben heimlich, und kann
also die Ehre des Angebers nicht beflecken; und
sollte sein Name zu seinem Nachtheile bekannt
werden, so hat er ja immer den Ausweg, den
seiner Ehre ausgedrükten Schandflek in dem
Blute des ersten, der ihm deswegen Vorwürfe
macht, abzuwaschen. Endlich wird es mancher
sonderbar finden, daß wir eben in demjenigen,
was wir am heftigsten an unsern Gegnern tadeln, sie nachahmen. Der Delationen in Frankreich wird nicht leicht ohne Beziehung des innig-
sten Abscheues, von Deutschen öffentlich gedacht.
Aber mir däucht, dieser Widerspruch ist bald
gehoben; wir dürfen nur folgendes bedenken.
Erstlich, in der Politik und im Kriege wird es
bey uns nicht weniger, als bey den französischen
Machthabern unter Robespierres Tyranney,
als ein unwidersprechlicher Grundsaz angenommen, daß der Zwek die Mittel heilige. Nur
ist zwischen uns und den leztern der wichtige Unterschied, daß unser Zwek auf das Beste der
Menschheit, und der ihrige auf das Verderben
derselben gerichtet ist. Dann suchen wir die
Feinde mit ihren eignen Waffen zu schlagen, und

Heeren,

Herren, die durch Denunciationen bey dem
republikanischen Geiste erhalten werden, andre
Heere entgegenzustellen, bey welchen die Denunciationen zur Erhaltung des blinden Gehorsams
dienen. Wie nothwendig dieser blinde Gehorsam sey, muß selbst der Herr von Bülow gesta-
ben, wenn er *) es sich zum Verdienste anrechnet, nach Erklärung des Krieges gegen Frankreich, und nach erhaltener Marschordre, über
politische Gegenstände, darinn Beurtheilung
hätte gemißdeutet werden können, sich ein strens
ges Stillschweigen auferlegt, und nicht mehr
behauptet zu haben, daß der Krieg uns nichts
anginge. Nun sagen Sie, kann man einem
Offizier, der vor Erklärung des Krieges dergleis
chen kühne Behauptungen wagte, wohl zutrauen,
daß er bloß durch Umstände bewogen seine Ueberzeugung ändern, und daß diese auf sein Betragen im Dienste keinen Einfluß haben werde?
Wie sehr Se. Königl. Hoheit der Herzog von
York Recht hatten, solche Leute, wie der Herr
Bülow und sein Freund, der Herr von Meklen-
burg, von der Armee zu entfernen, und ohne
weitere Förmlichkeiten ihres Dienstes zu entlas-
sen, das zeigt schon die einzige Behauptung,
die der erste in einem Verhöre als die seinige
anerkannte. Eine der ihm vorgelegten Fragen

*) S. 17. f. und S. 49.

war diese: Haben Sie geäußert, die französische Einrichtung sey in der Hinsicht schön und gut, daß jeder ohne Ansehen der Person, des Adels und des Vermögens, bloß durch Verdienste, zu allem gelangen könne? — Und seine Antwort auf diese Frage war: Es kann sehr wohl seyn *). So wenig dies auch geradezu den Militärdienst angeht, so ist doch leicht einzusehen, was von einer so verkehrten Denkungsart eines Kriegers zu erwarten sey. Ew. Hochedelgeb. haben gewiß große anerkannte Verdienste; aber Sie sind auch zu bescheiden, und von der Nothwendigkeit der verschiednen Stände und der Weisheit unserer Staatseinrichtungen zu sehr überzeugt, als daß Sie bloß Ihrer Verdienste wegen, einem Adeligen, einem Günstlinge des Fürsten oder einem Manne von großem Vermögen sich vordrängen sollten. Und ein Adeliger kann dergleichen sonskülottische, erzdemokratische Grundsätze äußern! Ich bin selber, wie Sie wissen, nicht auf den Kopf gefallen, und könnte also vielleicht ohne den Schutz meiner Ahnen selbst in Frankreich zu etwas gelangen; aber meinem ältesten Sohne würde es zu nichts helfen, der Sprößling eines edlen Hauses zu seyn, bloß weil er ein Dummkopf ist. Quelle horreur!

Der

*) S 48.

Der alles kritisirende Herr Hauptmann findet auch das zu tadeln, daß „die Completirung „des an Mannszahl sehr schwachen Truppen „corps, durch eine allgemeine Rekrutenaushebung „auf dem platten Lande, und die übrigen „Einrichtungen auf den Feldfuß, mit einer Eile, „betrieben wurden, die zu manchen wesentlichen „Mängeln. und Unordnungen Veranlassung, „gab *)." So sollten wir also die Besten von Franzosen weiter vordringen lassen, um nur bey unsern Truppen alle Unordnungen und Mängel zu vermeiden? Wer es weiß, wie viel unsre tapfern und wohl angeführten Krieger dazu beytrugen, die Fortschritte der Feinde aufzuhalten, der wird die Weisheit aller dieser Einrichtungen bewundern müssen.

Und warum sollten die hannöverischen Truppen nach englischen Bezahlungsfuße besoldet werden? was hätten sie für Grund dieses zu hoffen?**): Das wäre in der That eine übel angebrachte Großmuth gewesen. Die geringe Bezahlung, mußte den Soldaten erinnern, daß er bloß für Ehre föchte; und mangelte es ihm bisweilen auf übergroßen Märschen, wie der Herr Hauptmann sagt ***), an den nothwendigsten Bedürfnissen, mußte er bey der Belagerung

von

*) S. 19.   **) S. 20.   ***) S. 20.

von Valenciennes die hårtesten Strapazen aus-
stehen, und dabey oft selbst des Brodes entbeh-
ren, so war dies ein neuer Beweis von der
Weisheit seiner Oberbefehlshaber, welche hierdurch mehr als eine Absicht zu erreichen suchten.
Sie wollten mit dem möglich geringsten Geld-
aufwande die möglich größte Masse von Kräften
in Bewegung setzen; sie wollten die Donnoveras-
ser durch Mühseligkeiten und Hunger anfeuern,
alles das Ihrige zu thun, um, nach vollendeten
Heldenthaten, bald in ihrem Vaterlande Ruhe,
Schwarzbrodt und Brandtwein wieder zu finden.
Möchten doch Offiziere, die es wissen sollten,
daß sie ihrem Landesherrn und der Ehre ihres
Vaterlandes alles aufzuopfern schuldig sind,
nicht an Vorstellungen über den geringen Sold
gedacht, und sich sogar der gemeinen Canaille,
die bloß zum Todtschießen taugt, in dieser Hinsicht angenommen haben!

1. Eines der herrlichsten Mittel, die Franzosen zu Paaren zu treiben, und sie für alle ihre
Gottlosigkeiten zu bestrafen, haben unsere Truppen, vermuthlich aus übel verstandner Menschlichkeit, zu wenig gebraucht. Ein Krieg gegen
eine Nation, wie die Französische, die aus lauter Königsmördern und Gottesläugnern besteht,
kann nie zu grausam seyn. Sie muß sehen,
diese Nation, daß sie Feinde gegen sich hat, die
nichts,

nichts, die selbst der Schwangern und Säuglinge nicht schonen, um Religion und Monarchie zu rächen; sie muß durch Schrecken, durch den Unglücks, durch die Empfindung alles dessen, was der Krieg nur immer entsetzliches hat, zur Verzweiflung, und durch Verzweiflung, nicht, wie klugseynwollende Schriftsteller wähnen, zu desto wüthenderm Widerstande, sondern zur Unterwürfigkeit gebracht werden. Leider herrscht unter unsern gutmüthigen Hannoveranern das elende Vorurtheil, Gewalt sey im Kriege nur gegen Bewaffnete, nicht gegen wehrlose Unterthanen erlaubt; und empfindsame Offiziere suchen die Gemeinen noch in diesem Vorurtheile zu bestärken. Vermuthlich trägt hierzu die verrätherische Meinung, als hätten wir uns unbefugter Weise in fremde Händel gemischt, das ihrige bey. Hören Sie doch Wunders halben, wie der Herr von Bülow hierüber raisonnirt:

„Bey einem Theil der englischen Infanterie, „sagt er, und bey den kaiserlichen leichten Truppen „waren sinnlose Verheerungen, Raub, „Plünderung und die unmenschlichsten Grausamkeiten gegen französische Gefangene und „Landeseinwohner, die Lieblingsbeschäftigungen, „und das regelmäßige Tagewerk des gemeinen „Soldaten. Einer suchte es dem andern darin „zuvorzuthun, und Handlungen, vor welchen
„das

„das stumpfste menschliche Gefühl schauderte,
„galten für Verdienst, weil sie in Frankreich,
„und gegen Franzosen ausgeübt wurden. Nir,
„gends geschah diesem heillosen Betragen auf
„eine thätige Weise Einhalt; ja es fanden sich
„sogar angesehene Offiziere, die dasselbe öffent,
„lich mit der größten Wärme billigten *).„ —
Zum Belege führt er eine Unterredung an, die
er am 4ten Julius 1793 in dem Zelte des dama,
ligen Lieutenants von Wangenheim hatte, wo
bey einem freundschaftlichen Mittagsmahl der
Geburtstag des Königs gefeyert wurde. Fast
gegen das Ende des Mahls kam der Maler und
Flügeladjudant des Herzogs von York, Hr.
von Steinfurt, dazu. „Anfangs,„ sagt der
Herr von Bülow, „betraf das Gespräch unserer
„vermehrten Gesellschaft mancherley Dinge von
„geringer Bedeutung; bald aber fiel dasselbe
„auf die uns zunächstliegenden Gegenstände —
„auf die schrecklichen Plünderungen und grau,
„samen Behandlungen der französischen Unter,
„thanen. Ein jeder bereicherte das Gespräch
„mit Erzählungen empörender Vorgänge, und
„in dem lebhaften Widerwillen, der dadurch bey
„mir entstand, äusserte ich:

„Daß wir ausser den Befehlen un,
serer Obern,„ — unter den Obern selbst also
sollte

*) S. 22 f.

sollte es solche empfindsame Seelen geben? — „und den Gefühlen der Menschlich„keit, auch noch der politischen Be„wegungsgründe genug hätten, die „armen Unterthanen zu schonen, „wenn diese nicht durch ihr Betra„gen eine besondere Ahndung ver„dienten, da unsere Armee durch das „bisherige Verfahren großen Man„gel leide."

„Keiner von der Gesellschaft, außer dem „Major von Löw, fand die Aeußerung ta„delnswerth. Nur er warf sich mit vieler Hef„tigkeit zu meinem Gegner auf, und er„klärte:

„Daß er sich immer freue, wenn „es diesen Canaillen — den Franzosen — „recht übel ergehe; daß man sie gar „nicht schlecht und hart genug be„handeln könne; auch fügte er hinzu, „finde er das größte Vergnügen dar„in, für das vorichrige Betragen „der Franzosen in der Gegend von „Frankfurt Rache zu nehmen."

„Ich gestehe es, daß diese Aeußerung mein „Gefühl völlig empörte, das ich auch mit der
„Wär-

"Wärme, welche die Vertheidigung jeder guten
"Sache einflößt, zu erkennen gab." *)

Da hat sich doch wohl der Herr Hauptmann
selber das Urtheil gesprochen. Die Sache fran-
zösischer Bürger vertheidigen, heißt doch wahrlich keineswegs eine gute Sache vertheidigen,
und der Vorwurf, der ihm bey seinem Verhör
in der ersten Frage **) gemacht wurde, er habe
am 4ten Junius einen Wortwechsel über die
französischen Grundsätze gehabt, war, leider,
wie Sie, als ein unbefangener Mann, leicht
einsehen werden, nur zu sehr gegründet.

Menschlichkeit muß, wie Pitt bey Gelegenheit der ersten Debatten über den Negerhandel
bemerkte, der Politik nachstehen. Der Herr
von Bülow führte zwar auch den Mangel, den
die Armee damals hat, als einen politischen Be-
wegungsgrund an, die französischen Unterthanen, die uns mit Lebensmitteln versehen konnten, schonend zu behandeln. Allein, er hätte
bedenken sollen, daß es höhere politische Bewegungsgründe geben kann, als der ist, eine Armee zu versorgen; daß diese höhern politischen
Bewegungsgründe jeden braven deutschen Krieger verbinden zu hungern, wenn es nicht anders seyn kann, und ihm, um nicht Hungers
zu

*) S. 21. f.
**) S. 40.

zu sterben, erlauben, ja es ihnen zur Pflicht machen, nach dem Beyspiel der von ihm getadelten Engländer und Oestreicher, die Bewohner des feindlichen Landes zu plündern.

So gern ich noch mehr über die Weisheit der bisher in dem Kriege mit Frankreich beobachteten Maßregeln sagen möchte, so muß ich doch, für jezt wenigstens, abbrechen; ich sehe, daß mein Brief zu der Größe einer Abhandlung angewachsen ist. Um unsre gute Sache zu vertheidigen, brauche ich auch nichts weiter hinzuzusetzen, da ich von Ihrer vernünftigen, antijakobinischen Denkungsart überzeugt bin. Ich habe die Ehre, ꝛc.

———

Anekdoten *)
zur
Charakteristik einiger Revolutionshelden.

1) Robespierre.

Robespierre liebte die Frauenzimmer, und war in seinem Putze äusserst gesucht. Einer von Lebons Mordgesellen, Namens Daillet, machte genaue Bekanntschaft mit dem Diktator Frankreichs, welchem er sich besonders durch das

---

*) Gleichfalls aus den Secrets de Joseph Lebon et de ses complices genommen, wo sie mit ziemlicher Umständlichkeit in einem deklamatorischen Tone erzählt werden. Die Deklamationen im Convent und in den Volksgesellschaften haben, wie es scheint, auf den größten Theil der französischen Schriftsteller einen sehr nachtheiligen Einfluß gehabt, wodurch die Lesung ihrer Schriften selbst bey dem höchsten Interesse des Inhalts, oft langweilig und ekelhaft wird. Die beyden ersten Jahre der Revolution haben einige ausgezeichnete S..... hervorgebracht: aber diese wollen nicht bemerkt seyn; sie waren es nämlich. Nur was ihnen von Charakter besonders, verlanden sie alles Oberflächliche, alles Wortgepränge, alle weit hergeholte Redensarten, und alle schleppenden, schwülstigen, oder blos zum Uebergange dienende Spondeysben.

das Talent empfahl, ihm seine Halsbinde nach seinem Geschmak zu knüpfen. Es war so schwer ihn hierin zu befriedigen, daß er sich dieselbe gemeiniglich mehrmals abnehmen und wieder umbinden ließ. Wenn Daillet nicht da war, hatten die Töchter der Duplay dieses Geschäfte.

Lange ist Robespierre wegen seiner Mäßigkeit im Essen und Trinken gelobt worden. Wirklich aß er von gemeinen Gerichten nur wenig; aber von Leckereyen war er ein großer Freund; daher ging er nicht gerne in Gesellschaften, wo keine feine Speisen aufgetragen wurden. Bey Pethion aß er eines Mittages einen Topf eingemachter Früchte allein aus. Die Duplay ließen ihm die Gerichte, die er wünschte, eine Meile weit holen. Er stärkte sich mit feinen Orangen; und wenn er bey den Jakobinern reden wollte, mußte erst ein guter alter Wein seine Lebensgeister erhöhen.

b) Duquesnoy. *)

Duquesnoy, ein Mensch von den abscheulichsten Sitten, mordsüchtig, und viehischen Lastern ergeben, fand seine größte Wollust
darin,

*) Conventsdeputirter, zur Nordarmee geschikt, und nach Robespierres Fall als Urrad als Lebens Mitschuldiger damnirt.

dseln, die Schamhaftigkeit des andern Geschlechts in den Gefängnissen durch mehr als viehische Attentate zu beleidigen.

Mehr als einmal hatte er wider den Fanatismus bestanden, als ein zurückgetretener Podagra ihn für sein Leben zittern machte. Er war in Verzweiflung, daß er keinen Geistlichen fand, der ihn zum Uebergange in die Ewigkeit vorbereitet hätte. Ein ehemaliger Priester, ein philosophischdenkender Mann, besuchte ihn auf seinem Krankenlager, obgleich beyder Familien einander haßten. Mit Thränen in den Augen empfing ihn Duquesnoy. Ach, sagte er, ich sehe wohl, der tugendhafte Mann ist menschlich, und weiß Ungerechtigkeiten zu vergessen. Bürger, Gott sendet Sie zu mir, um mich zu beichten. Ich bitte Sie, erlauben Sie mir, meine Verbindlichkeit als Christ zu erfüllen. — Ich fühle mein Ende sich nahen. — Vor Schluchzen konnte er nicht weiter. — Ich werde Sie nicht beichten, sagte jener; das wäre jetzt nicht gut angebracht. Dazu sind Sie eben nicht in Gefahr; einen andern Tag wollen wir sehen. Er kam wirklich nach einigen Tagen wieder; Duquesnoy war aufgestanden, und schlemmte aufs neue. Er ließ einige Zeit nachher denselben Mann, den er in der Todesangst für tugendhaft und gefühlvoll erkannt hatte, ohne

ohne Ursache arretiren und vor das Revolutionstribunal schikken. Glüklicher Weise wurde dieser, nebst seinem gleichfalls verhafteten Bruder, von dem allgemeinen Sicherheitsausschuß seiner Familie wieder gegeben. Was würde geschehen seyn, wenn er den Bitten des kranken Duquesnoy nachgegeben hätte?

Eben dieser würdige Volksrepräsentant kam einst mit wankenden Schritten aus einem Wirthshause, wo er sich auf das Wohl der Republik betrunken hatte. Er war nicht weit gegangen, als er wie ein Klotz hinfiel. Bürger eilten hinzu, um ihn aufzuheben, und schikten sich an, ihn nach Hause zu bringen. Meine Freunde, so lallte er mit schwerer Zunge, meine Freunde, ... sachte .... thut mir kein Leides .... thut mir kein Leides .... ich bin .... Duquesnoy .... ich bin Duquesnoy, Repräsentant des Volkes .... thut mir kein Leides.

3) **Böses Gewissen.**

Der Wohlfahrtsausschuß untersagte die Vorstellung des Trauerspiels Brutus, wegen dieser beyden Verse:

Arrêter un Romain sur de simples soupçons,
C'est agir en tyran, nous qui les punissons.*)

Derselbige Ausschuß verbot den Mahomet aufzuführen, weil darin die Verse vorkommen:

Grands Dieux, exterminez de la terre où nous sommes,
Quiconque, avec plaisir, répand le sang des hommes! **)

In den Gracchen waren ihm die Worte anstößig:

. . . . , des loix, et non du sang. ***)

Timoleon durfte nicht vorgestellt werden, weil der Ausschuß sich selber in diesem Stücke erkannte.

Schon verhinderte mehrere patriotische Stücke, durch die Veränderungen, die er darin vornahm. Eines derselben, der republikanische

―――――
*) Einen Römer auf bloßen Verdacht verhaften, das heißt tyrannisch gehandelt; und das von uns, die wir Tyrannen strafen.
**) Große Götter, vertilgt von unsrer Erde jeden, der mit Vergnügen Menschenblut vergießt!
***) Gesetze, und nicht Blut.

che Gemahl betitelt, fand keinen Beifall, eine Stelle ausgenommen, wo ein Vater, welcher gegen seinen Sohn Verdacht schöpft, als habe er seine Fahne verlassen, sich so ausdrükt: Meine Freunde, veurtheilt eure Brüder nicht, ohne sie erst zu hören. Leben ließ diese Stelle ausstreichen.

Wer erinnert sich nicht ähnlicher Anekdoten aus der Censurgeschichte deutscher Länder?

4) Der neue Cato.

Ein Distriktsverwalter, Vertrauter und Bevollmächtigter Lebons, — Lesez ist sein Name — wohnte der Vorstellung des Stükkes Cava*) bey. Landleute erscheinen in demselben tanzend auf der Szene, und singen: Laßt uns aus Einer Schüssel essen. In diesem Augenblikke vergaß sich ein Mädchen von vierzehn Jahren, welches bey der Truppe aufwartete, sprang mit ihrer Küchenschürze hinter den Coulissen hervor, und stimmte mit den übrigen ein. Lesez fand durch die Küchenschürze das Volk und sich selbst, als den Bevollmächtigten des Volksrepräsentanten beleidigt. Er machte ein Gesez, durch dessen ersten Artikel

*) Es steht.

die Municipalität angewiesen wurde, das Mädchen mit einer Gefängnißstrafe zu belegen, die nicht unter zehn Tage dauern sollte. In dem vierten Artikel heißt es: Der Schauspielsdirector, oder in seiner Abwesenheit seine Frau, soll für zugelassene Verletzung der Volkswürde, der Sitten und des Wohlstandes als verdächtig angesehen, und dem zufolge bis zum Frieden in gefänglichen Haft gehalten werden.

5) Der royalistische Papagai.

Lebens besoldete Mörder ließen zu verschiedenen malen einen Papagei, als Zeugen wider ein Kammermädchen, welches des Royalismus beschuldigt war, in den Gerichtssaal bringen. Dieser Papagai rief, wie man sagte, es lebe der König. Wahrscheinlicher ist es indeß, was andre behaupten, daß er den Kaiser hoch leben ließ, indem er zu Brüssel unterrichtet war. Vor Gericht aber blieb er, so oft auch die Geschwornen und die Richter ihm den gegenrevolutionistischen Ausruf wiederholen machten, stumm. Madame Leben nahm den halsstarrigen Vogel zu sich, unter dem Vorwande, ihn besser zu erziehen, und ihn, es lebe die Nation, rufen zu lehren.

Bei

Verdächtige Mode.

Nie sind vielleicht die Fürsten so sehr zu beklagen gewesen, als zu unsern Zeiten. Unter der ungeheuren Last der Regierungssorgen zu Boden gedrückt, waren sie, wie man weiß, von jeher die einzigen Sklaven in ihren Staaten; und ihre geringsten Unterthanen waren immer glüklicher, als sie. Die französische Revolution macht ihre Würde mit jedem Tage schwerer, setzt ihre Weisheit, ihre Regententhätigkeit jeden Augenblick auf eine neue Probe. Selbst der Haarputz und die Fußbekleidung ihrer Unterthanen dürfen ihrer landesväterlichen Fürsorge nicht entgehen.

Der ernannte Bischof und des H. R. R. Fürst zu Passau, sah sich gezwungen, unter dem 16. Dezember vorigen Jahres folgende Verordnung zu erlassen:

„Sr. Hochfürstl. Eminenz ꝛc. ist vielfältig wahrzunehmen gewesen, daß mehrere von Höchstdero Hofstaat und Dienerschaft sich begehen lassen, nach Art gewisser Klubbisten, anstatt der sonst allgemein gewöhnlichen Kopffrisur, in das Gesicht und um den Kopf glatt herumhangende, dick durchgekämmte Haare, und an den Füßen Schuh mit einem überzogenen, und an der Seite mittelst einer kleinen Schnalle besetzten Riemen zu tragen."

„So wenig ein so gestaltiger Aufzug bey Bürgern, Professionisten, Handwercks- und andern derley Leuten auch ietzo noch zu bedeuten haben mag, so ungewöhnlich und bedeutend scheinet solcher bey denen in Höchstdero Diensten stehenden Leuten, und Personen von Stand zu seyn, welche immer dabey nur die Absicht haben können, sich dadurch auszuzeichnen und ungescheuet zu erkennen zu geben, von welcher Gedenckungsart sie sind, und daß ihrer Meinung nach iederman so seyn sollte."

„Wie Höchstdieselbe nun eben daher derley ganz unanständige und ungeziemende Aufzüge bey Höchstdero Hofstaat und Dienerschaft keineswegs gestatten mögen; so verordnen Höchstdieselben ernstgemessenst, daß sich von nun an niemand von der Hofstaat und Dienerschaft, wer der immer seyn möge, mehr unterstehen solle, die Haare über das Gesicht, und um den Kopf herumhangend, und Schuhe von obbeschriebener Art zu tragen, gestalten der oder diejenige, welche

welche dergleichen nach der Kundmachung dieser höchsten ernstgemeintesten Verordnung gleichwohlen noch zu thun sich unterfangen würden, in dem ersten Betrettungsfall mit einer Geldstrafe von der Besoldung den 3ten Theil, oder einem 8tägigen Arrest, in dem zweyten Fall mit doppelter Geldstrafe, oder monatlichen Arrest, in dem dritten Fall aber mit der Dienstentlassung ohne weiters auf der Stelle, und unrücksichtlich bestrafet werden sollen."

„Eine Höchsternstliche Verordnung, welche auf Höchsten Befehl vom 7ten dies der löbl. Hofkammer anmit zu Dero nachmeßlich oder pflichtschuldigster Benehmung sowohl, als zur alsobaldiger Kundmachung unter das dahin gehörige sämmtliche Kanzleipersonale eröffnet wird."

Hochfürstl. Hofrath ꝛc.

Bassau, den 16. Decbr.
1794.

Thomas Graf von Thun,
H. G. Präsident.

An der Weisheit dieser ernstgemeintesten, höchsternstlichen Verordnung habe ich nicht einen Augenblick gezweifelt, ob es mir gleich zu Anfang nicht recht einleuchten wollte, was die abgeschnittenen Haare und die kleinen Schnallen an den Seiten der Schuhe bey dem Hofstaate und
der

der Dienerschaft des Fürstbischofs wohl bedeuten könnten. Vermuthlich steckte Jakobinismus dahinter. Ich äusserte diesen Gedanken gegen einen Freund, der vor zwei Monaten von Kurterhude abging, um Deutschland nach der Länge und der Breite zu durchreisen, und dann seine Beobachtungen über die Regierungen und die politischen Verhältnisse, der verschiednen deutschen Staaten, über ihre Bevölkerung, ihre Gewerbszweige, den Charakter, die öffentlichen Sitten und die häusliche Lebensart ihrer Einwohner durch den Druck bekannt zu machen. Er ist zurückgekommen, dieser Freund, und hat durch seine Erzählungen meine Vermuthung bestätigt. Er hat sich zu Passau eine ganze Stunde in einem Gasthofe aufgehalten. Hier machte er die wichtige Entdeckung, daß jene fürstbischöflichen Diener mit durchgekämmten ums Gesicht hangendem Haare, und kleinen Schuhschnallen lauter Demokraten gewesen, aber seitdem sie wieder Haarbeutel, Zöpfe und grosse Schuhschnallen getragen hätten, zu gesunden Grundsätzen zurückgekehrt wären. Was man nicht alles erlebt! sagte ich zu meinem Freunde. Unsre brauen Aelterväter gingen durchgängig, wenn sie anders keine hohe Würden bekleideten, mit nachläßig herunterhangendem Haar und kleinen Schuhschnallen, und waren gute, gehorsame Unterthanen. Und ietzt haben Haarbeutel, Zöpfe

und

und große Schuhschnallen die Kraft erhalten, Leute zu guten Dienern des Fürsten zu machen. Ja vielleicht wird bald die Zeit kommen, da selbst bey Bürgern, Professionisten, Handwerks- und andern derley Leuten ein Aufzug nach Art unserer Aeltervätter, so wenig er bey ihnen auch jezo noch bedeuten mag, Demokratie und Jakobinismus bedeuten wird. Aber, fuhr ich fort, es stößt mir doch gegen die Hochfürstliche passauische Verordnung ein Zweifel auf; sollte sie wohl mit den Menschenrechten der Unterthanen bestehen können? O, erwiederte mein Freund, darauf wird natürlich in einem Lande keine Rüksicht genommen, wo es nicht einmal erlaubt ist von Menschenrechten zu reden. Mir entfuhr das Wort Menschenrechte in dem Gasthofe in Passau nur einmal bey Tische; und in dem Augenblikke sah ich in der Geselschaft solche furchtsame Blikke und lange Gesichter, daß ich auf einmal das Gespräch abbrach, um weiter kein Aergerniß zu geben, oder wohl gar als ein Emissair der französischen Propagande beanntdet, und in Untersuchung gezogen zu werden. — Weiter wollte oder konnte mein Freund sich über diese Materie nicht einlassen. Mit Thränen in den Augen gestand er mir, daß er in großer Verlegenheit seyn würde, wenn er, um den Verdacht des Demokratismus oder jakobinischer Gesinnungen

gen zu vermelden, sich und seine Familie nach vornehmer Manier kleiden sollte, anstatt daß diese ganz simpel gekleidet geht, und er selber abgeschnittenes Haar, und Band in den Schuhen trägt. Meine kleine Stelle, sagte er, wirft wenig ab; und unglücklicher Weise muß ich itzt auf das beträchtliche Honorar Verzicht thun, das mir ein Buchhändler für meine Reisebeobachtungen versprochen hatte. An verschiednen Stellen derselben hatte ich meine Meinung über die Menschenrechte gesagt; und Sie wissen, daß ich über diese Materie orthodox genug denke, um selbst die Wiener Censur nicht fürchten zu dürfen. Auf meiner Rückreise traf ich auf eine von den Emigrantenhorden, deren in mehr als einem öffentlichen Blatte mit so vielen Lobeserhebungen gedacht ist. Einige dieser Elenden verletzten in meiner Person die Menschenrechte auf die abscheulichste Art: sie öffneten meinen Mantelsak, und nahmen mir unter andern sechs feine Hemden und meine Manuscripte weg, vermuthlich um durch jene ihre zerrissenen Hemden zu ersetzen, und aus diesen Patronen zu machen.

.Tarat-

Parallelen.

Wer wird nicht gerne unter seinen Zeitgenossen, unter den Menschen, die mit ihm denselbigen Erdtheil bewohnen, in seinem Vaterlande, alles beobachten, was ihm zu angenehmen, ehrenvollen Vergleichungen Gelegenheit darbietet? Unter den Herrschern Antonie und Trajane; unter den Staatsmännern solche, die es mit den größten Staatsmännern des Alterthums aufnehmen können, oder sie übertreffen, Staatsverfassungen, durch die der Zwek der bürgerlichen Gesellschaft so gut, oder noch bessere als durch andere, alte oder neue Staatsverfassungen erreicht wird; Fortschritte in Wissenschaften und Künsten, verbesserte Gesetzgebung, gebildete, verfeinerte Sitten, vervollkommnete Menschheit; der ist ein Barbar, der solche Gegenstände vor Augen haben, und sie gleichgültig übersehen kann. Aber es gehöret auch ein hoher Grad von Unwissenheit und Eitelkeit, ein rasender Enthusiasmus oder Niederträchtigkeit und Eigensinn dazu, sich und andre überreden zu wollen, daß unter einem gewissen Volke, in einem gewissen Staate nichts weiter zu verbessern sey

Verrath an den Fürsten, den Völkern und der Menschheit begehe derjenige, der wider besseres Wissen alten Vorurtheilen das Wort redet, die verderblichsten Fehler der Regierungen zu beschönigen, oder wohl gar als Resultate über menschlicher Weisheit vorzustellen sucht, der Gewaltthätigkeiten, Machtsprüche, offenbare Verletzungen aller Menschen- und Bürgerrechte öffentlich vertheidigt.

Der Verfasser der folgenden Parallelen meint es mit Regierungen und Völkern, mit seinem Vaterlande und der Menschheit gut. Er wünschte lauter angenehme, seinem Zeitalter zur Ehre gereichende Vergleichungen aufstellen zu können; und er wird in der Folge dergleichen aufzustellen nicht versäumen. Allein er hält es auch für Pflicht, auf die Hindernisse aufmerksam zu machen, die den menschlichen Geist in seinen Fortschritten aufhalten, dem Menschenwohl und Völkerglük im Wege stehen. Er wird hier vielleicht nur wiederholen, was andre vor ihm sagten; aber er ist auch mit einem großen Theile des Publikums überzeugt, daß gemeinnüzzige Wahrheiten nicht oft genug gesagt werden können; und gerade die Beobachtung, daß so manche dieser Wahrheiten bisher vergebens gesagt wurden, bewegt ihn zu der Entschliesung, sie nach seiner eignen Weise zu wiederholen.

L. Van-

2. Vandalismus in Frankreich und in Deutschland.

Wie seufzen über die rasenden Verfolgungen, welche neue Vandalen in Frankreich gegen Künste und Wissenschaften erhoben, über die barbarische Zertrümmerung historischer Denkmäler und erhabner Werke der Kunst unter der Herrschaft der Anarchie und der Tyranney in diesem unglücklichen Lande. Wie fluchen dem Andenken des abscheulichen Robespierre, welcher diesen Vandalismus begünstigte, um unter dem Schutze der Unwissenheit und der Barbarey desto sicherer zu herrschen. Wer waren jene Vandalen? mehrentheils Pöbel und untergeordnete Tyrannen

Ein ähnlicher Vandalismus droht leider unserm deutschen Vaterlande. Freilich haben wir in diesem Augenblicke für unsre öffentlichen Bibliotheken, für die Bildergallerien und Statuen, welche die Palläste und Schlösser unserer Großen und unserer Regenten zieren, noch nichts zu besorgen. Aber was würde daraus werden, wenn Bürgerkriege unsre deutschen Staaten zerrütten sollten? In Frankreich hatte selbst das gemeine Volk Gefühl genug, um in ruhigen Zeiten die öffentlichen Denkmähler und Zierathen zu respektiren, welche bey uns, mitten im

Schooße

Schooße des Friedens täglich dem Muthwillen des Pöbels ausgesetzt sind. Und das Manifest des Herzogs von Braunschweig war es nicht ganz eines Vandalen würdig? Drohte es nicht Städte, Flecken und Dörfer, die sich den östreichischen und preußischen Truppen widersetzen würden, in die Asche zu legen und dem Erdboden gleich zu machen? Drohte es nicht die Stadt Paris einer militärischen Execution und einer gänzlichen Zerstörung Preis zu geben? Die Vandalen! Wahrlich, wäre es in ihrer Macht gewesen, diese Drohung zu erfüllen, sie hätten mit ihren Horden eine ganz andere Verwüstung in Frankreich angerichtet, als Robespierre und seine Gesellen. Unschuldige Menschen wollen sie zu Tausenden hinwürgen, die, so Vandalen, um Verbrechen zu bestrafen, zu denen sie selber gereizt hatten. Bürger, die ihr Vaterland gegen sie vertheidigen, wollen sie morden, und ihre Wohnungen verwüsten. Würden bey einer so allgemeinen Zerstörung die unzähligen Werke der Kunst verschont geblieben seyn, mit denen noch itzt, nach allen Stürmen der Revolution so viele Städte Frankreichs prangen? Durch die abscheulichen Behandlungen, die sie wehrlose französische Unterthanen und entwaffnete Kriegsgefangne wiederfahren ließen, haben sie hinlänglich gezeigt, was von ihrer vandalischen Wuth zu erwarten gewesen wäre, wenn sie ihren Zweck erreicht

erreicht hätten. Wie schön es ihnen steht, diesen Mordbrennern, jetzt über die in Lyon und Toulon verübten Greuel zu deklamiren, wovon sie selber die ersten Urheber sind!

Die Vandalen in dem französischen Wohlfahrtsausschusse, um alle freye Wirksamkeit des menschlichen Geistes in Frankreich zu hemmen, hoben die Preßfreyheit auf, verboten alle Schriften, deren Inhalt mit ihrem System nicht übereinkam, untersagten sogar die Vorstellung der Theaterstücke, worin Gerechtigkeit, Gesetz und bürgerliche Ordnung gepriesen wurden, verfolgten freymüthige Schriftsteller, und schikten mehr als die Hälfte der vorzüglichsten Köpfe in Kerker oder zur Guillotine. Ganz so weit ist es glücklicher Weise bey uns noch nicht gekommen; aber wer steht uns dafür, daß es nie so weit kommen werde? Haben doch beschirmte und bebänderte Vandalen, im Einverständnisse mit verfolgenden Priestern, das Wort Aufklärung selbst zu einem Schimpfworte zu machen gesucht. Man lese einmal die Verordnungen deutscher Regenten und Obrigkeiten, wodurch seit sieben Jahren die Geistesfreyheit beeinträchtigt wird, von dem preußischen Religionsedikte an bis auf die eisenachische Verordnung wegen der Leihbibliotheken herunter, und läugne dann den deutschen Vandalismus! Ob Vandalen Bibliotheken verbrennen, oder Fürsten und Obrigkeiten ihren Unterthanen verbieten zu lesen, was ihnen gefällt, und ihre durch Lektüre und Nachdenken erworbenen Einsichten bekannt zu machen, ist das im Grunde nicht eins? Was unter Robespierre in Absicht auf das Theater in Frankreich geschah, eben das ist in Absicht auf unsere Schaubühnen in Deutschland geschehen, ehe Robespierre unter uns nur dem Namen nach bekannt war. Erschien ein Stük, wie etwa Lanassa, worin Möncherey und Aberglaube bestritten wurden, sogleich erhoben sich Mönche und Priester wider daßelbe, und es wurde verboten. Lessings Nathan der Weise gehört in mehr als einem deutschen Lande unter die verbotnen Bücher. Erklärte sich ein Theaterdichter wider den Adel oder das Feudalsystem, sogleich wurde die Vorstellung seines Stükkes von diesem, bald von jenem Hofe untersagt. Von deutscher Freyheit darf auf unsern Theatern geschwazt werden; aber der Ausruf, Freiheit oder Tod! ist davon verbannt. Man sehe nur in dem Wienerischen Verzeichniße verbotener Bücher, welches in mehrern Gegenden Deutschlands als Richtschnur gilt, die Titel der verbotnen Schauspiele nach, und sage, warum sie verboten sind.

In Frankreich wurden alle Zeitschriften unterſagt, welche dem Syſtem der herrſchenden Tyrannen entgegen waren. In verſchiednen Gegenden Deutſchlands darf nichts über die franzöſiſche Revolution geleſen werden. Im Oeſtreichiſchen wird ſogar die von vielen als ariſtokratiſch verſchriene Minerva, werden ſelbſt mediziniſche Bücher, wird das dem Kaiſer zugeeignete Pantheon der Deutſchen verboten. Hier iſt mehr als Vandalismus. Die alten Vandalen zerſtörten die Denkmähler des Alterthums, von deren Werth ſie keine Idee hatten, in kriegeriſcher Wuth; in unſerm lieben deutſchen Vaterlande werden die Fortſchritte des menſchlichen Geiſtes abſichtlich gehemmt, um die Nacht der Barberey, des politiſchen und religiöſen Aberglaubens wieder herbey zu führen. In Preußiſchen werden den Unterthanen kirchliche Symbole und Landeskatechismen mit Gewalt aufgedrungen, und Prediger der natürlichen Religion und des reinen Chriſtenthums, wider Willen ihrer Gemeinden, fortgejagt. In Paſſau werden verdiente Lehrer, ein Milbiller, Schubauer und Schmid entlaſſen, und die verbeſſerten Schulanſtalten wieder abgeſchaft. So lange vandaliſche Kriegsbefehlshaber es in ihrer Macht hatten, hielten ſie die aus Frankreich kommenden Journale und andere Schriften, das Eigenthum deutſcher Unterthanen, auf den Gränzen, zurück, und erlaubten

sich zum Theil ganze Voͤlker zu vernichten. Wel‑
chen Namen wollen wir einem solchen Verfahren
geben?

Die Werke der bildenden Kuͤnste dienen den
Pallaͤsten und Gaͤrten unserer Fuͤrsten und Großen
zum modischen Zierrath, indeß deutsche Kuͤnstler
in der Duͤrftigkeit schmachten. Nicht Geschmak
am Schoͤnen, Eitelkeit ist es, was unsre Fuͤr‑
sten antreibt, ihre Residenzen mit Prachtgebaͤu‑
den zu verschoͤnern. Von unwissenden Ministern,
Guͤnstlingen, Maitressen haͤngt die Wahl der
Kuͤnstler zur Ausfuͤhrung der fuͤrstlichen Phanta‑
sien ab; und nicht selten fallen diese Phantasien
in das Abentheuerliche und Groteske. Werden
die schoͤnen Kuͤnste bey uns nicht eigentlich ver‑
folgt, werden sie sogar hin und wieder geachtet,
so ist dies, weil sie sich leicht zu Dienerinnen des
Despotismus und des Luxus der Großen ernied‑
rigen, und indem sie die Einbildungskraft auf
eine angenehme Weise beschaͤftigen, die gedruͤck‑
ten Unterthanen ihre Ketten vergessen lassen.

Ganz anders die Aufklaͤrung! Gegen diese
wuͤthen die deutschen Vandalen, weil vor ihr
die Nacht entflieht, die ihnen so guͤnstig war:
weil ihr die Vorurtheile weichen, die uns in
den schimpflichen Banden einer herrschenden
Kirche gefangen hielten; weil sie uns unsre an‑
gestammten, unveraͤußerlichen Rechte zeigt, die
uns

uns mächtige Barbaren mit List und Gewalt entrissen; weil sie uns unsre Würde kennen, und uns nicht für den ausschließenden Vortheil unserer Herrscher, sondern für das Beste der ganzen Menschheit arbeiten lehrt. Daher die Unterdrückung der Gewissens- und der Preßfreyheit; daher die Verfolgung denkender Männer und freymüthiger Schriftsteller; daher die barbarische Härte, womit man Revolutionen zu verhindern sucht, so ausgemacht es auch dem gesunden Menschenverstande ist, daß durch Härte Empörungen eher befördert als gehindert werden.

Um die große Aehnlichkeit zwischen den Vandalen in Frankreich und Deutschland zu zeigen, mögen hier ein paar Anekdoten von einem deutschen Minister stehen. Diesem Vandalen, welcher seinen Fürsten verleitet hatte, die Preßfreyheit in seinem Lande einzuschränken, wurde vorgestellt, daß der blühende Buchhandel des Reichs, und besonders der Hauptstadt bey der neuen Einrichtung zu Grunde gehen würde. Das ist eben mein Wunsch, war die Antwort des Barbaren.

Ein fremder Astronom, das heißt, ein deutscher Astronom, der unter einer andern deutschen Regierung lebt, erbot sich, für das Observatorium in der Hauptstadt jenes vandalisch gemißhandelten Landes für eine gewisse Summe ein Instrument zu verfertigen, durch dessen Gebrauch die Sternkunde mit wichtigen Beobachtungen bereichert werden könnte. Er erhielt von dem Minister eine abschlägige Antwort, mit der Bemerkung: die Astronomie führte nur zur Ribelsterey.

Eben in jener Hauptstadt wurden schon im Jahre 1792 Listen verdächtiger Personen aufgesetzt, von denen einige ihrer Aemter verlustig erklärt und verwiesen wurden, andre freywillig dieselben niederlegten und das Land verließen. Ungeberey wurde seit der Zeit in mehrern Staaten Deutschlands aufgemuntert und besoldet; und vielleicht wird gegenwärtig das ehrlose Handwerk der Spione nirgends so eifrig betrieben, als in der deutschen Kaiserstadt, wo es gefährlich ist, selbst in dem Schoße seiner Familie seine Meinung über die Angelegenheiten des Tages zu äußern; wo ein nüßlicher Bürger, der mit ausgebreiteten Kenntnissen den wärmsten Eifer für das gemeine Beste verbindet, bloß wegen seiner Bekanntschaft mit einem Verdächtigen eingekerkert und dann aus dem Lande gejagt wird; wo Richter sich nicht entblöden, den Gefangenen zu fragen, ob er nicht an dem und dem Tage, zu der und der Stunde, mit einem andern Bekannten auf der Straße sprach. War es nicht gera-

gerade so unter der Herrschaft des Vandalismus in Frankreich? Fürsten, Minister, bedenkt, was ihr thut! und lenkt ein, weil es noch Zeit ist.

II. Asiatischer und europäischer Despotismus.

Unsre europäischen Despoten haben es von jeher sehr übel genommen, wenn sie mit ihren Brüdern in Asien verglichen wurden. Wir wollen untersuchen ob sie Recht haben; worin der europäische Despotismus mit dem asiatischen übereinkomme, und worin er sich von demselben unterscheide. Menschenfreundliche Regierungen — und Gottlob, deren gibt es noch — wird kein Zug dieser Vergleichung treffen.

Die Grundsätze des europäischen, wie des asiatischen Despotismus — dies liegt in der Natur der Sache — gehen auf unumschränkte willkührliche Herrschaft. Der asiatische Despot fodert Eigenthum, Blut und Leben seiner Unterthanen, bloß weil er Herr ist: der europäische Despot hält sich aus gleichem Grunde dazu berechtigt; nur wagt er es nicht immer, sich öffentlich auf das Recht des Herrschers zu berufen; das Beste des Staats muß ihm zum Vorwande dienen, wenn er seine ausschweifenden Leidenschaften zu befriedigen sucht. Jener läßt seine Völker von habsüchtigen Großen auf alle ihnen selber nur gefällige Weise berauben; dieser wendet die klügsten Mittel an, um seine Unterthanen regelmäßig, und so viel möglich, unmerklich zu plündern. Jener sieht den Räubern des Staats so lange zu, bis sie die Reichthümer ganzer Provinzen an sich gezogen haben, und läßt sie dann, um allen Widerspruch bey Einziehung ihrer Güter zu vermeiden, ohne Umstände erwürgen: dieser hält es für vortheilhafter, mit den Dienern seiner Ungerechtigkeit den Raub zu theilen, und diejenigen, die den meisten Eifer und die meiste Geschicklichkeit in Beraubung der Unterthanen beweisen, zu ihrer und anderer Aufmunterung, mit Ehrenzeichen und Gnadenbezeugungen zu überhäufen. Jener behauptet, an keine Staatsgesetze gebunden zu seyn; dieser beschwört die Grundgesetze des Staats, hält aber seinen Eid nur insofern und so lange, als ihm die Beobachtung der beschwornen Pflichten zuträglich scheint; ja er weiß es auch wohl durch verdekte Ränke, oder mit offenbarer Gewalt dahin zu bringen, daß diese ihm lästigen Grundgesetze zu seinem Vortheil abgeändert, oder völlig umgestoßen werden. Jener übt jede Ungerechtigkeit als unumschränkter Herr aus, dessen Wille statt aller Gesetze dient: dieser tyrannisirt durch die Gesetze selbst, er mag nun die Aussprüche der Gerichtshöfe zu seinen Absichten lenken, oder unmittelbar durch einen Machtspruch ent-

entscheiden; er mordet mit dem Schwerte der Gerechtigkeit. Jener verdammt die Sklaven, die er beherrscht, zu einer viehischen Unwissenheit, um zu verhindern, daß nie der Gedanke an Freyheit in ihren Seelen aufsteige; verbreitet in seinen Ländern die göttliche Kunst, durch die die Werke des Geistes ins Unendliche vervielfältigt, und nützliche, oder dem Despotismus gefährliche Einsichten unter alle Klassen der Gesellschaft verbreitet werden; und setzt freyem Raisonnement die Furcht vor Martern und Todesstrafen entgegen. Und dieser? — Sind noch in seinem Staate Unwissenheit und Aberglaube herrschend, so sucht er denselben ihre Herrschaft auf immer zu sichern, und alle Strahlen der Aufklärung sorgfältig abzuhalten, die eine ihm so wohlthätig scheinende Nacht erhellen könnten. Sind aber Cultur und Aufklärung unter dem Volke, das er beherrscht, nicht mehr unbekannt, dann bemüht er sich, die Fortschritte des menschlichen Geistes auf alle Weise zu hemmen; die Presse wird dem Zwange der Censur unterworfen; freyes Denken in Religionssachen heißt Ketzerey und Gottesverläugnung, und freymüthiges Raisonnement über Staatsangelegenheiten, Gesetzgebung und bürgerliche Freyheit wird für zügellose Frechheit ausgegeben, wird als Hochverrath bestraft; auswärtige Produkte des Wahrheitssinnes werden für Contrebande erschkeit; Pedanten und Pfaffen erhalten die gemessensten Befehle dahin zu sehen, daß ja die Jugend früh zum blinden Gehorsam angeführet, ihr Verstand durch Sophistereyen verwirrt, und von dem dipsten Aberglauben umnebelt werde, um so alle Geisteskraft in der folgenden Generation zu erstikken. Jener entziehet sich die größte Zeit seines Lebens den Augen der Sterblichen, um, wie eine Gottheit, die unsichtbar den Lauf der Dinge lenkt, verehrt zu werden, rächt jedes unvorsichtige Wort, das einem Unterthan gegen ihr oder seiner Regierung entfährt, mit Strang und Pfahl, und sucht in der Menge der ihn umringenden Trabanten vor jedem Angriffe, den Mißvergnügte auf seine Person unternehmen dürften, Sicherheit. Und dieser? — Nur seiner Titel und seines Ranges glaubt er zu bedürfen, um tiefe Ehrfurcht zu verlangen, und einer glänzenden Pracht, um die Augen des Volks zu blenden. Besoldete Spione weltlichen und geistlichen Standes müssen die Gesinnungen der Unterthanen ausforschen, und Familiengeheimnisse auskundschaften. Die gemäßigsten Ausdrükke eines gerechten Unwillens, die unschuldigsten Aeußerungen von Unzufriedenheit, die leisesten Wünsche nach einem bessern Zustande, werden zu aufrührischen Reden, zu Verrath und Majestätsverbrechen gestempelt. Die zur Vertheidigung des Landes gegen auswärtige Feinde errichterichtete Kriegsmacht, wird wider die Bürger gebraucht, um sie im strengsten Gehorsam gegen landesherrliche Willkühr zu erhalten, und macht es dem Despoten, für dessen Erhaltung zu viele Untertyrannen interessiret sind, unnöthig, seine Leibwache beständig um sich zu haben. Die Despoten des Orients fallen, wenn endlich das allgemeine Mißvergnügen aufs höchste gestiegen ist, unter den Säbelhieben ihrer eignen Trabanten: das Schicksal der europäischen Tyrannen, wenn endlich die Geduld der Völker ermüdet ist, steht mit blutiger Schrift in der Geschichte der Revolutionen geschrieben.

Höflichkeit.

Durch das Wort, Höflichkeit, drückt der Deutsche zwey stammverwandte französische Wörter aus, civilité und politesse, er vermengt daher oft bloße durch den Gebrauch eingeführte Ceremonien und Formalitäten mit der Höflichkeit im edlen Sinne des Worts.

Höflichkeit macht den Umgang mit Menschen angenehm; und ist jeder verbunden zum Vergnügen der Gesellschaft nicht weniger wie zu ihrem Nutzen beyzutragen, so ist auch jeder verbunden höflich zu seyn, das heißt, andern die Gesinnungen von Wohlwollen, Achtung und Ehrfurcht zu bezeugen, die er ihnen schuldig ist.

Der Satz, die Höflichkeit sey nicht die Tugend der Republikaner, im strenge strengsten Sinne genommen, würde für eine republikanische Verfassung wenig empfehlend seyn. Wer möchte wohl mit Vandalen leben, die den Mangel guter Lebensart, die Grobheit und Vernachläßigung oder geselligen Tugenden, deren gefälliger Abdruk die wahre Höflichkeit ist, unter die Tugenden setzen, als das ächte Kennzeichen des Republikanismus ansehen? Dann aber möchte jener Satz wohl unumstößlich wahr seyn, wenn wir unter Höflichkeit die bloße Nachäffung geselliger Tugenden, wenn wir darunter die Kunst verstehen, einander durch Neusserungen solcher Gesinnungen, von denen wir weit entfernt sind, zu betrügen; ja, in diesem Verstande möchten wir wohl mit Wahrheit behaupten können, Höflichkeit sey nicht die Tugend des ehrlichen Mannes.

Civilität besteht in einem gewissen nach conventionellen Regeln bestimmten Ceremoniel, welches nach Zeit und Ort sehr verschieden seyn kann. Als es sich die französischen Gesetzgeber herausnahmen, den Staatsbürgern, die sich bis dahin Ihr genannt hatten, das Duzzen zu befehlen, da thaten sie weiter nichts, als daß sie eine bis dahin in Frankreich bestandene Civilität des Wohlstandes aufheben, welche in so vielen andern Ländern nie statt hatte. La politesse, heißt es bey dieser Gelegenheit, n'est pas la
ver-

vertu des républicains. Sollte man nicht
denken, diejenigen, die diese Veränderung vor-
schlugen und durchsetzten, hätten nie den Unterschied unter civilité und politesse, verstanden?
Wer weiß es nicht, wie viele Freunde, selbst
aus den gesittetern Ständen, sich duzen, ohne
deswegen die Gesetze der Höflichkeit gegen einander zu überteeten? Freilich wird der rohe Mensch,
der es bisher kaum wagte, seine Blicke zu seinen
Obern zu erheben, leicht allen Wohlstand aus
den Augen setzen, wenn es ihm erlaubt, ja befohlen wird, sie mit dem vertraulichen Du an-
zureden; aber gesittete Menschen werden erst
Mühe haben, sich gegen einander daran zu ge-
wöhnen, und ist dies ihnen endlich gelungen,
sich nicht weniger Achtung als vormals beweisen. Ganze Völker reden noch jetzt ihren Lands-
herrn mündlich und schriftlich mit Du an, ohne ihn deswegen weniger zu schätzen, oder weniger zu fürchten. Der geringste Bürger, der
mit Robespierre wie mit seinem Bruder sprechen durfte, fühlte nichts destoweniger unwillkührlich an seinen Hals, wenn er ihm durch
sein Betragen zu mißfallen glaubte. Der Pöbel
allein konnte in Frankreich durch eine solche Veränderung zu gewinnen glauben; und die dama-
ligen Machthaber thaten alles um sich desselben
zur Beförderung ihrer Absichten zu versichern.
Sie suchten alles gleich zu machen, um alles

ihrem

ihrem blutigen Despotismus zu unterwerfen. Eine ganz entgegengesetzte Revolution in dem Tone der Unterredung wäre in Deutschland zu wünschen, wo es zur Sitte gehört, gegen die niedern Stände ungesittet zu seyn; wo die impertinente Abstufung in dem Sie, Er, Du und Ihr täglich den Stolz der Vornehmern und Reichern nährt, und den Niedrigern und Ärmern an seine Abhängigkeit von jenem erinnert, wo noch mancher Herr von *** es einem Bürgerlichen sehr übel nimmt, wenn er es versäumt, bei jeder Phrase seiner Gnade zu gedenken, oder es mehrmals hinter einander wagt, ihn kurzweg Sie zu nennen, indeß der gnädige Herr es sich selber erlaubt, den Bürger mit Grobheiten zu überhäufen.

In der großen Welt gehöret eine gewisse veraberdete Falschheit, unter dem Namen der Höflichkeit, zum guten Ton. Robespierre soll den Tag vorher, ehe er Danton unglücklich machte, denselben unter wiederholten Freundschaftsversicherungen umarmt haben; eine Abscheulichkeit, deren damals nichts anderes als mit Bezeugung des heftigsten Unwillens erwähnt wurde. Und doch, was ist in der großen Welt gewöhnlicher, als diese Abscheulichkeit? Freylich ist dabey der Unterschied, daß unter unsern Welt- und Hofleuten sich niemand so leicht durch einen solchen Schein

Schein von Wohlwollen und Freundschaft täuschen läßt; daß bey ihnen die schmeichelhaftesten
Komplimente, die heiligsten Freundschaftsversicherungen für nichts weiter gelten, als was
sie nach einem alten stillschweigenden Vertrage
seyn sollen, bloße Redensarten; indeß Danton,
wie versichert wird, die Aeußerungen seines vor-
geblichen Freundes, für baare Münze annahm.
Ohne sich zu ereifern, wird der ehrliche Mann
diesen unsittlichen Geschöpfen ihre Maske lassen,
und unverstellt die geselligen Tugenden üben,
die sie bloß vorgeben, und denen sie selbst das-
durch huldigen, daß sie sie lügen.

Aber woher es wohl kommen mag, daß so
manche sich einbilden, selbst jene falsche Höflichkeit sey in der großen Welt überall zu Hause?
Sehr höflich ist es freylich, wenn ein vielver-
mögender, oft auch ein nur zur Parade dienen-
der Hofmann, seinen Standesgenossen vor sich
kriechen sieht, und sein Gesuch um Beförderung mit einer vornehmen Miene und in dem
Ton eines Beschützers erwiedert. Sehr höflich
ist es, wenn ein Mann von hohem Range und
Ansehen, im Bewußtseyn seiner Größe, selbst
im geselligen Umgange überall sich die erste Rolle
anmaßt, wenn er alles um sich her von seiner
ganzen Höhe überschaut, für jedes Wort, das
aus seinem Munde geht, Bewunderung gebie-
tet,

tet, und durch Mienen und Geberden zu sagen scheint, wißt ihr wohl, wer ich bin; Sehr höflich ist es, wenn in adelichen und hochadelichen Gesellschaften ein Mann aus einem weniger alten Hause als die übrigen, oder der es nicht gelernt hat, mit fremden Gelde den Glanz seiner Herkunft zu behaupten, über die Schultern angesehen, wenn der verdienstvollste Mann, der etwa gegen die Enkette fehlt, auf das grausamste persiflirt wird. Sehr höflich ist es, wenn eine adeliche oder hochadeliche Dame beim Spiele schmählt und lärmt, aufgebracht über ihren Verlust den Spieltisch verläßt, und ein andermal, wenn sie glüklich gewesen ist, ihre Schuldner auf die unverschämteste Weise zur Bezahlung zwingt. Sehr höflich ist es, wenn ein schlesischer Majorathsherre seinen armen Ignoten mit Stolz und Verachtung begegnet, und indem er unter Gesprächen über seine eigne Wichtigkeit den besten Wein schlürft, ihnen Krätzer vorsetzt. *)

Aber die Grosen sind doch zum Theil so leutselig, so freundlich, so verbindlich gegen Geringere. Das sind sie allerdings zum Theil; aber, aber, nehmt euch für Weibern und Grosen in Acht! Sie suchen euch bald durch eine

F 2   ange-

―――――――――――――――――――――
*) S. Briefe eines schlesischen Grafen an einen curländischen Edelmann, S. 114 f. 151 f.

angenommene Freundlichkeit zu verstricken, dadurch eine übertriebne Höflichkeit von sich zu entfernen. Das holdlächelnde Mädchen hat vielleicht die Absicht euch an ihren Triumphwagen zu fesseln, vielleicht euch die Folgen eines Fehltrittes aufzubürden, den sie an der Hand eines andern that: Der Große will vielleicht durch euch die Anzahl seiner Lobredner vermehren, vielleicht euch zur Ausführung gewisser Absichten als ein Werkzeug gebrauchen, das er, sobald er dessen nicht mehr benöthigt ist, verächtlich von sich werfen wird: Das Lächeln des Hofmanns gilt oft nicht euch, sondern eurem Beutel; und die Liebkosungen eines jungen Fürsten sind oft nicht für euch, sondern für euer Weib oder, eure Tochter. Der feurige Liebhaber möchte sich aus Verzweiflung über die gewissenhafte Beobachtung aller Höflichkeitsregeln, mit der ihm seine Schöne zuvorkommt, das Leben nehmen; sie zwingt ihn dadurch sich bloß in den Schranken der Ehrfurcht zu erhalten, und das Geheimniß seines Herzens für sich zu bewahren. Der Große erinnert durch übertriebne Höflichkeit diejenigen, die sich ihm nahen, unablässig an die tiefe Ehrfurcht, die sie ihm schuldig sind, und die es ihnen nicht erlaubt ihn mit Gesuchen oder wohl gar mit Vorstellungen zu belästigen. Ein reizendes Weib, in Gesellschaft junger Männer beständig auf sich selber aufmerksam, läßt sich mit einem Manne, den sie schon unter der Fahne Amors ausgedient glaubt, zu einer impertinenten Vertraulichkeit herab; nichts aber ist impertinenter als die Vertraulichkeit eines Großen gegen einen Niedern von dem er voraussetzt, er sey sich seiner Niedrigkeit zu gut bewußt, um die schuldige Ehrfurcht aus dem Auge zu setzen. Ein Hofmann mag sich der höflichen Begegnungen, der Vertraulichkeit seines Gebieters rühmen, der freye Mann, findet sich unendlich geehrter durch die Achtung, durch die herzliche Zuneigung edelgesinnter Männer von seinem eignen Stande. Wer aus Zutrauen zu der Redlichkeit anderer, aus Mangel an Weltkenntniß, aus Eitelkeit, die Falschheit vornehmer Buben zu spät gewahr wird, der ist zu bedauern oder zu belachen. Wer den gnädigen Blick eines Großen gleichgültig ertragen kann, der muß zum Sclaven gebohren seyn.

Wenn wahre Höflichkeit, wenn der edle Ausdruck der Achtung, des Wohlwollens, des Zutrauens, die wir gegen einander empfinden, den Umgang unter gesitteten Menschen erleichtert und das Leben verschönert: so muß hingegen in einer Gesellschaft, wo alles Maske ist, wo jeder alle Augenblicke sich oder andre auf eine Lüge ertappt, Mißtrauen an die Stelle freundschaftlicher Verbindungen, an die Stelle geselliger Freuden Langeweile treten. Jenes ist die

feinste,

feinste, kunstvollste Schmeichelei, die heiligste, in den übertriebensten Ausdrücken gegebne Versicherung, von ewiger Ergebenheit nicht im stande auszulöschen; diese ist die rauschendste Lustbarkeit nicht im stande zu tödten. Höflichkeit im Zirkel edler Menschen soll jedem die Achtung, die seine Talente, seine Verdienste, sein Rang in der Gesellschaft erfordern; ihre Nachäfferin in der sogenannten großen Welt schmeichelt bloß dem Ansehen und der Gewalt, und kriecht vor besternten und bebänderten Dummköpfen und Schurken. Jene lehrt uns unsre Meinungen ohne Prätension, ohne Rechthaberey, mit bescheidenem Anstande vortragen, anderer Einwürfe anhören und ohne Bitterkeit beantworten, anderer Vorurtheile mit Schonung behandeln, ihre Fehler bedecken, entschuldigen, mit Sanftmuth, und so viel möglich unbemerkt verbessern, oder mit Geduld ertragen; diese sieht es für ungesittet an, irgend einen Gegenstand, der etwas mehr als Luxus, Etikette und Galanterie betrifft, zu erörtern, macht durch sorgfältige Vermeidung alles Widerspruchs jede geistreiche und nützliche Unterhaltung unmöglich, erhöht Laster zu Tugenden, oder setzt sie doch nur in die Klasse der Schwachheiten und der sogenannten liebenswürdigen Fehler, und beschönigt die ungeheuersten Verbrechen.

Die

Der Herr von Kurzwiz, sollten ihm je diese Bemerkungen zu Gesichte kommen, würde sich nicht wenig über die Bosheit des Verfassers ereifern, der sich erfrechen durfte, über die ehrwürdigste Klasse der Gesellschaft eine so unverschämte Satyre niederzuschreiben. Der Herr von Kurzwiz würde Recht haben, wenn die Klasse von Menschen, die hier geschildert wurde, ehrwürdig seyn könnte. Er würde Recht haben, wenn der Verfasser gegen jene vortrefflichen Männer ungerecht wäre, die, von Adelstolz und Rangeitelkeit entfernt, durch Seelenadel, durch Verdienste um die Gesellschaft, über andere erhaben, mit nützlichen und angenehmen Kenntnissen die feinsten Sitten verbinden. Er wisse, daß diese Männer eine von dem Haufen, zu der er selber gehört, sehr verschiedene Masse ausmachen; daß sie in seinen Zirkeln nur gezwungen erscheinen; und daß ihre Erscheinung allein im stande ist, einen Mann von Kopf und Herz über die Gegenwart des Herrn von Kurzwiz und derer, die ihm gleichen, zu trösten. Sollte er wohl mit Recht sich über diese Erklärung als unhöflich beschweren dürfen, nachdem er unhöflich genug war, eine Beschuldigung, die eine ganz andere Art von Menschen anging, auf Männer zu deuten, die sie nicht auf die entferntste Weise treffen kann, und die sich seine Vertheidigung in allem Ernste verbitten möchten?

Die

Anlagen zu geselligen Tugenden gehören zur Natur des Menschen; wäre dies nicht, so würde, ohngeachtet aller Bedürfnisse, die uns die Verbindung mit unsers Gleichen so nothwendig machen, nie menschliche und bürgerliche Gesellschaft entstanden seyn. Unwissenheit, rohe Erziehung, und menschenfeindliche Vorurtheile stehen der Ausbildung dieser Anlagen entgegen; Stolz und Uebermuth lassen uns die Ausübung geselliger Tugenden von unserer Seite als entbehrlich ansehen, und sie nur von andern verlangen; und Eigennuz und Herrschsucht bilden Menschen zu Tigern um. Was Wunder, daß diese Tugenden, die Ehre der Menschheit, so selten unter dem rohen Pöbel, noch seltner an Höfen und in den Pallästen der Grossen gefunden werden? Wo wollen wir sie also suchen? Wo anders, als unter Menschen, die mit redlichem Eifer nach Wahrheit strebten, und ihren Willen der Herrschaft der Vernunft zu unterwerfen suchten; die ihren Verstand mit nüzlichen und angenehmen Kenntnissen bereicherten, und ihr Herz zu sanften Empfindungen bildeten? wo anders als unter Menschen, die die Gleichheit der Rechte Aller einsehen und ehren; die keinen andern Ehrgeiz kennen, als den, der Würde der Menschheit gemäß zu denken und zu handeln, keine andere Wollust, als die, so viel Glük, so viel Vertrauen, als möglich,

um

um sich her zu verbreiten? wo anders als unter aufgeklärten Menschen?

Unter der Klasse der Gelehrten also werden wir vermuthlich die gesittetsten, die tugendhaftesten, und folglich die feinsten und höflichsten Menschen finden? Nur schade, sagt man, daß die bittern Feindschaften, die unartigen und heftigen Zänkereyen selbst' berühmter und geistvoller Schriftsteller den Ausspruch Ovids, *didicisse fideliter artes emollit mores, nec sinit esse feros,* *) so offenbar und unwidersprechlich widerlegen! Freilich Schade, daß es verhältnißmäßig so viele ungesittete Gelehrte, als es Pöbel in allen Ständen giebt. Aber wer heißt uns auch den Stand mit dem Menschen, und Gelehrsamkeit mit Aufklärung, mit Ausbildung des Geistes und Herzens, oder die Mittel mit ihrer Anwendung verwechseln? Griechen und Lateiner lesen, orientalische Sprachen verstehen, ein System der Rechte, der Arzneywissenschaft, der Philosophie oder der Gottesgelahrtheit studieren, Verse machen, Geschichte oder Romane schreiben, das heißt nicht seinen Geist ausbilden, seine Sitten bessern. Die Beschäftigungen des Gelehrten halten ihn freilich ab.

*) Treu sich den Künsten weihn,
Macht unsre Sitten mild,
und lehrt uns menschlich seyn.

Hagedorn

ab, nach Art unserer rohen Vorfahren vom Raufen und Balgen Profeßion zu machen, hindern ihn aber nicht, in seinem häuslichen Leben und im Umgange mürrisch und ungesittet zu seyn, und seine gelehrten Gegner, wie unsre Critiker und Antikritiker nur zu oft beweisen, ohne alle Schonung, selbst für ihren bürgerlichen und moralischen Charakter, zu behandeln. Faust und Haarcolationen zwischen Aerzten am Krankenbette, zwischen Erziehern und Schriftstellern auf dem Studierzimmer oder im Hörsaale sind noch in unsern Tagen vorgefallen, und sogar unter geistlichen Hirten, deren evangelische Sanftmuth wir alle kennen, ist es nicht ohne Beyspiel, daß sie gegenseitig ihre geweyhten Hände an ihre ehrwürdigen Perrücken legten. Was dem größten Gelehrten oft ein gewisses gezwungenes unangenehmes Aeusseres, ein schüchternes oder rohes Wesen giebt, ist seine Abgeschiedenheit von der Welt, wozu er sich entweder selbst verdammt, oder durch die wenige Achtung, welche die sogenannten höhern, gesitteten Stände den Wissenschaften beweisen, wider Willen verdammt sieht. Doch dies ist zu oft gesagt, ist zu bekannt, um einer weitern Ausführung zu bedürfen. Wir werden also, um weder gerecht zu seyn, noch uns selber zu täuschen, wahre Höflichkeit und feine Sitten, die Gesellschafterinnen hoher Geisteskultur und rei-

ner

der Moral, nicht mehr als das ausschließende Eigenthum gewisser Stände betrachten, sondern unter aufgeklärten, edeldenkenden Menschen suchen; und deren giebt es in allen Ständen.

Freimüthigkeit und ungeschminkte Darstellung verkannter oder unterdrückter Wahrheiten werden zu unsern Tagen nicht selten als Grobheit, als Verletzung alles Wohlstandes betrachtet. Dieser Vorwurf wird vorzüglich Schriftstellern gemacht, welche ihre Stimme etwas laut wider staatsverderbliche Mißbräuche, öffentliche Gewaltthätigkeiten und ruchlose Beleidigungen der Menschenrechte erheben. Unter der Herrschaft eines Robespierre hieß eine solche Kühnheit Aeußerung unbürgerlicher Gesinnungen, Aristocratismus, Royalismus, Volksverrath; und sie mit der Guillotine bestrafen, hieß Despotismus der Freyheit. Unter der milden Regierung eines gekrönten oder beamteten Landesvaters wird ein kühner Schriftsteller, als ein Uebelgesinnter, als ein unruhiger Kopf, fiscalisch belangt, und als ein solcher zu Gefängniß- Geld- oder Zuchthausstrafe, verurtheilt, im gelindesten Falle aber wegen Beleidigung der dem Landesherrn schuldigen Ehrfurcht gefangen gesetzt, oder sonst nach Befinden der Richter bestraft; und dies heißt der Preßfreyheit steuern, und Ruhe und Ordnung erhal erhalten. Bedenkt man denn nicht, wie ungerecht es sey, die Rechte der Staatsbürger durch eben die Macht, die zu ihrem Schuze angeordnet war, zu vernichten, jede gemäßigte Vorstellung gegen so ungeheure Beleidigung und Vergewaltigung, verächtlich abzuweisen, so einen gerechten allgemeinen Unwillen zu erregen; und dann noch von Schriftstellern, die den Regenten von der öffentlichen Meinung zu unterrichten, ihn an seine Pflichten zu erinnern wagen, die Bezeugung der tiefsten Ehrfurcht zu verlangen? Doch, was bedenkt die Gewalt, der es nur darum zu thun ist, sich selbst zu behaupten? Der Stärkere chykeigt den Schwächern, und weist ihn dann, wenn er so unhöflich ist, über Ungerechtigkeit zuklagen, mit Stockprügeln zur Ruhe. Es giebt Beleidigungen, die selbst der frigste Sclave nicht gleichmüthig zu ertragen, vielweniger mit Höflichkeit und Ehrfurchtsbezeugungen zu erwiedern im stande ist. Es giebt Verbrechen, die zu ungeheuer sind, um Schonung zu gestatten, und sollte auch der Verbrecher eine Krone tragen. Man denke sich einen Monarchen, der von seinem Volke so reichlich besoldet, um für die innere und äusere Sicherheit des Staats zu wachen, sich den schändlichsten Ausschweifungen überläßt, die Weiber und Töchter seiner Unterthanen verführt, ihren Schweiß mit feilen Dirnen verpraßt, und durch

sein

sein Beyspiel die öffentlichen Sitten verdirbt; der in träge Weichlichkeit versunken, einfältigen, eigennützigen, verrätherischen Ministern das seinen Händen anvertraute Staatsruder überläßt, und um nicht in seiner wollüstigen Ruhe gestöret zu werden, Bösewichtern erlaubt, diejenigen, die vertrauensvoll die Handhabung ihrer Rechte in seine Hände legten, ungestraft zu unterdrücken, diejenigen, die von seinem Schuzze den sichern, ungestörten Genuß ihres Eigenthums erwarteten, in seinem Namen ungestraft zu plündern; der die Gewalt, die er zum Besten des Staates erhielt, zum Verderben desselben anwendet; der die Macht, die ihm zur Vertheidigung des Landes gegeben war, zu leichtsinnig beschlossenen, landesverderblichen Kriegen und zur Unterdrückung der Bürgerfreyheit mißbraucht, man denke sich einen solchen Monarchen, und sage, ob es möglich sey, von ihm, von seiner Regierung mit zärtlicher Schonung, wohl gar mit tiefer Ehrfurcht zu reden. Indeß das Volk murrt, indeß sein Name von einem Ende des Reichs zum andern unter lauter Verwünschungen genannt wird, nennen ihn seine Hofschranzen einen Marc-Aurel, einen Titus, einen Trajan; verrätherische Minister stellen ihm den Zustand des Staates als äuserst blühend vor, und verwehren sorgfältig den Klagen gedrückter Unterthanen den Zugang zum Throne; feile

Schriftsteller vertheidigen bey den ruchlosesten Eingriffen in die Rechte der Menschheit seine landesväterlichen Absichten, und erheben seine Gnade und Milde bis an die Wolken. Das einzige mögliche Mittel, die Wahrheit zu den Ohren des Monarchen zu bringen ist hier, sie durch den Weg der Presse öffentlich bekannt zu machen. Aber wie ist dies auch der kaltblütigste Philosoph im stande ohne Wärme zu thun? Selbst wenn er sich, ohne die geringste leidenschaftliche Aeusserungen, blos auf strenge Beweise einschränkte, wie wollte er es anfangen, um nicht den Vorwurf auf sich zu laden, er habe die Ehrfurcht gegen den Landesherren und seine Diener so weit aus den Augen gesezt, daß er den erstern als unweise oder ungerecht, und die leztern als pflichtvergessen vorgestellt habe? Einem freilich nicht so leidenschaftslosen Schriftsteller, der sich gegen ein sogenanntes Religionsedikt ziemlich frei erklärt hatte, wurde bei der fiscalischen Untersuchung, die er sich dadurch zuzog, mit dürren Worten gesagt: er hätte schuldigst vorausseßen müssen, daß Sr. Majestät vor Vollziehung des Edictes dasselbe mit Ihrer Absicht werden zusammgehalten, geprüft, und nur alsdann erst vollzogen haben, als Sie ersteres der leztern entsprechend fanden; — und (so wurde er dann gefragt) involvirt dieser Zweifel nicht einen Mangel

gel der Ehrerbietung, welche Sie Sr. Majestät schuldig sind? — Und diese Weisung ging auf eine Stelle der dem verurtheilten Buche vorgesetzten Dedication, die wohl nicht leicht in ehrfurchtsvollern Ausdrücken hätte abgefaßt seyn können.*) Hier seht ihr es, Schriftsteller unsers Vaterlandes, die ihr euch der Rechte der Menschheit annehmt, um nicht gegen die Ehrerbietung anzustoßen, welche ihr einem Fürsten schuldig seyd, müßt ihr schuldigst voraussetzen, ein Fürst könne nie irren; er wisse immer, was er wolle; seine Absicht sey immer die beste; er folge nie schlechten Rathgebern; und alle, die sich seiner erhabnen Person nähern, seyn lauter ehrliche Leute; das heißt: **ihr sollt dulden und schweigen.** Kennt ihr denn nicht die **wohlthätigen, landesväterlichen Absichten, die angebohrne Milde eurer Beherrscher?** wißt ihr nicht, daß sie alles, was sie thun oder befehlen, erst nach ihrer **Weisheit erwägen?** Ja, ja, sagen diejenigen unter euch, die von dem jacobinischen Gifte angesteckt sind, wir erkennen die wohlthätigen, landesväterlichen Absichten des Fürsten, der durch Religions- und Censuredicte, durch Aufpasser und Spione die Freiheit zu reden und zu schreiben vernichtet, und es uns zur Wohlthat anrechnet, nicht auch die Freiheit der Gedanken

uns

*) Würgers Bericht. S. 48.

uns zu nehmen, die es uns nicht zu nehmen vermag; der durch unsinnige Verschwendungen und unnütze Kriege seine Unterthanen aussaugt, seine Länder entvölkert. Wir erkennen seine angebohrne Wilde, wenn er den Unterthon, der im Zirkel seiner Freunde gewisse öffentliche Maßregeln tadelt, ins Gefängniß schikt, oder aus dem Lande jagt; wenn er für sein persönliches Interesse, oder aus Ehrgeitz die blühende Jugend seines Vaterlandes zur Schlachtbank führt. Wir erkennen Allerhöchst Seine Weisheit, wenn er, anstatt seine eignen Länder friedlich zu regieren, sich in fremde Händel mischt, unbesonnener Weise den Absichten auswärtiger Mächte dient, die seinen Untergang suchen, seine Staaten verschuldet, Unwissenheit und Aberglauben, die schon so manche Thronen umstürzten, herbei ruft, um den seinigen zu stützen, und in einem Zeitpunkt, wo er sich vorzüglich bemühen sollte, die Liebe seiner Unterthanen zu erwerben, von ihnen gefürchtet seyn will.

Freilich

Freilich wohl scheinen die Ausdrücke: wohlthätige, landesväterliche Absichten, Weisheit, angebohrne Milde, u. d. gl. nicht weniger, als das glorreichst und unüberwindlichst, mehrentheils bloße Curialien zu seyn. Aber wehe dem, der es öffentlich zu verstehen giebt, er wiße sie nach ihrem wahren Gehalte zu würdigen!

Und wozu soll es ein Schriftsteller öffentlich zu erkennen geben? wird jemand uns einwerfen. Unmöglich ist es, von einem schlechten Regenten mit inniger Ehrfurcht zu reden, das ist unläugbar. Unmöglich ist es dem Mann von Gefühl, dem Menschenfreunde, dem redlichen Bürger, einem Tiberius, einem Caligula, einem Nero zu schmeicheln. Aber wozu hilft es, einem schlechten Regenten, einem Ungeheuer die Wahrheit in einem Tone zu sagen, der ihm nicht anders als mißfällig seyn kann, der ihn nothwendig nur erbittern muß? So müßte also die Wahrheit gar nicht gesagt werden, so oft die Bekanntmachung derselben ihrem Bekenner Gefahren drohte. So dürfte nur ein Tyrann uns Stillschweigen auferlegen; und wir müßten schweigen. So würde ein Despot unsre Menschenrechte kränken; und wir dürften nicht einmal protestiren. So sollte es also den niederträchtigsten Menschen erlaubt seyn, ihrem Herrn die

G ver-

verderblichſten Rathſchläge zu geben, ihn zu den
unverantwortlichſten Ungerechtigkeiten und Ge-
walttätigkeiten hinzureiſſen; und kein freier
Mann dürfte es wagen, ſeinen Abſcheu an ihren
Unthaten öffentlich zu erkennen zu geben, ihnen
durch nachdrückliche Vorſtellung ihres Unrechts
eine Schamröthe abzuzwingen, ihnen eine heilſame
Furcht vor der öffentlichen Meinung einzuflöſ-
ſen; kein freier Mann, kein Freund ſeines Vaterlandes dürfte es wagen, ſich gegen den ſchreck-
lichſten Mißbrauch der Macht zu erklären, ſeinen
Fürſten an die heiligen Pflichten zu erinnern,
die ſein erhabnes Amt ihm auflegt, die Seufzer
der Unterthanen vor ſeinen Thron zu bringen,
auf das Urtheil der Welt und der Nachwelt ihn
aufmerkſam zu machen, und ihm die Gefahren
zu zeigen, denen er den Staat und ſich ſelber
ausſetzen würde, wenn er auf dieſes Urtheil
nicht achten wollte. So dürften Elende, um
deſto ſicherer den Fürſten und das Volk zu be-
herrſchen, ſich wider den Staat und die Menſch-
heit verſchwören, den Fortſchritten der Aufklärung die mächtigſten Hinderniſſe entgegenſetzen,
die Nacht der Unwiſſenheit und des Aberglaubens
über ganze Länder verbreiten; und der aufrich-
tige Menſchenfreund, der redliche Staatsbürger
müßte die roheſte Barbarey hereinbrechen ſehen,
ohne ein Wort zu Gunſten der Vernunft und
der Wahrheit zu reden, dürfte es nicht wagen,

die

die ehrlosen Absichten jener Verschwörer aufzu-
decken, seine Mitmenschen und Mitbürger zur
Wachsamkeit zu ermuntern, oder ihren Eifer
zur Behauptung ihrer unveräusserlichen Rechte
zu verstärken; er dürfte es nicht wagen, dem
Fürsten die Landesverräther anzuzeigen, die unter dem Schein des Diensteifers, der uneigen-
nützigsten Ergebenheit sein Vertrauen zu er-
schleichen mußten, ihm zu beweisen, wie gefährlich es sey, über Sklaven zu herrschen, und daß
die wahre Ehre eines Regenten darin bestehe,
nach guten Gesetzen über freye Menschen zu regieren.

Noch einmal, unmöglich ist es, Gegenstände von solcher Wichtigkeit, Gegenstände, die
das Wohl und Wehe der Menschheit betreffen,
im Ton der feinen Welt behandeln, despotische
Maßregeln, offenbare Ungerechtigkeiten, Bedrückungen und Gewaltthätigkeiten in gemäßig-
ten Ausdrücken vorzustellen. Hier müssen nothwendig jene Rücksichten, die wir im geselligen
Umgange beobachten, um einer des andern Ei-
genliebe zu schonen, den dringendsten Gründen,
den kraftvollsten Ausdrücken und Wendungen
weichen. Hier ist die Schuld nicht demjenigen
beizumessen, der sich gezwungen sieht, andern
unangenehme Wahrheiten mit Nachdruck vorzu-
tragen, sondern denen, die den Vertrag dieser

ihnen unangenehmen Wahrheiten nothwendig
machen. Wenn ein Cicero einen Verres, einen
Catilina anklagt, wem wird es einfallen, ihm
Mangel an Höflichkeit, an feinen Sitten vorzu-
werfen, wenn er jenen einen Bösewicht, einen
Dieb, einen Räuber, wenn er diesen einen Ehrlosen, ein Ungeheuer, einen Verräther nennt?
Und einem freien Manne unserer Zeiten sollte
es nicht erlaubt seyn, seine und seiner Mitbürger edelste Rechte mit Nachdruk zu vertheidigen,
weil er dies nicht thun kann, ohne Unmuth über
die Verletzung derselben zu äußern, ohne, wenn
er auch seine Worte noch so genau abwägt, die
Vergewaltiger an die Benennungen zu erinnern,
die sie verdienen? Eine Regierung, die sich keine
Uebertretungen bewußt ist, eine gerechte und
menschenfreundliche Regierung, wie die Dänische,
erlaubt Bürgern wie Fremden, ihre Maßregeln,
ihre Anordnungen, ihre Gesetze einer freimüthi-
gen Prüfung zu unterwerfen, übersieht selbst lei-
denschaftlichen Tadel, so lange dieser nicht in
boshafte Verläumdung ausartet, und bestraft
blos offenbare ehrenrührige Angriffe auf einzel-
ne Personen, blos eigentliche Libellen. Sie
nimmt demjenigen, der sich gekränkt glaubt, ein
hartes Wort, einen unbehutsamen Ausdruk nicht
nicht übel; zu groß, zu edel, um sich wegen der
Versäumung einer Wohlstandsregel zu rächen,
und eine gute Erinnerung zu verwerfen, weil
sie

sie vielleicht mit einiger Regung von Empfindlich-
keit gegeben, vielleicht etwas zu gerade heraus
gesagt wurde, oder den Urheber derselben dafür
zu bestrafen. Eine solche Regierung flößt Zutrauen ein; und ein gesitteter Mann ist keines
politischen Höflichkeitscatechismus benöthigt,
um die Schranken der ihr gebührenden Ehrfurcht nicht zu überschreiten.

Verletzung der Ehrerbietung ist gar zu oft
nur ein Vorwand, welche herrschsüchtige, ge-
waltthätige Große brauchen, um freymüthige
Schriftsteller, die ihren Absichten im Wege stehen, zu verfolgen. Was ist die Folge davon?
Die Gemüther werden erbittert; und diejenigen,
die über ihre öffentlichen Handlungen keine freymüthige Bemerkungen gestatten wollten, werden jetzt der Gegenstand der heftigsten Invecti-
ven, der bittersten Satyre, wodurch selbst ihr
Privatcharacter bald in das gehäßigste, bald in
das lächerlichste Licht gestellt wird. Alles was
in dieser Art gegen sie erscheint, wird desto gie-
riger verschlungen, je kühner es gesagt ist, und
jemehr sie durch ihr bisheriges Betragen eine
solche öffentliche Demüthigung zu verdienen
scheinen. Nun wird die Preßfreiheit im Lande
eingeschränkt, oder gar völlig aufgehoben;
desto mehr und desto kühnere Diatriben werden
im Auslande gedruckt, und keine List, keine Be-

G 3

mischung ist im Stande zu verhüten, daß sie nicht von den Unterthanen sollten gelesen werden. Der Wunsch des Menschenfreundes, Mißbräuche und Despotismus verschwinden zu sehen, wird hierdurch freylich nicht erreicht. Diejenigen, die in der Fortdauer der ersten, in der Fortsetzung des letztern ihren Nutzen finden, gehen im Ganzen ihren Weg fort; würde dies nicht ohnehin geschehen seyn? Wer hat wohl ie Tyrannen, die keinen Widerstand fanden, zurückgehen sehn? Aber doch unterbleiben nun manche Schritte zum Schlimmern, die sonst geschehen seyn würden. In einem gewissen großen Staate hinderte die durch Schriftsteller, zum Theil in den derbsten Ausdrücken, bekanntgemachte Meinung des aufgeklärten Publicums die Ausführung neuer Plane zur Unterdrückung der Geistesfreiheit; und erst kürzlich nahm die Elsenachische Polizeycommission ihre verspottete Verordnung wegen der Lesegesellschaften zurük. Mit Recht mögen wir immer wüthende Ausfälle und bittere Schmähschriften gegen Regierungen als Ausbrüche einer ungezügelten Leidenschaft, oder eines jugendlichen Muthwillens, tadeln; aber gestehen müssen wir es uns, es liegt in der menschlichen Natur, selbst eine ungesittete Rache, die an übermächtigen Beleidigern genommen wird, zwar nicht zu billigen, aber doch zu entschuldigen, und eben die Ueberzeugung, daß

auch

auch der bessere Theil des Publicums die öffentliche Demüthigung des stolzen Despotismus nicht ungern sehe, hält oft den Nachfolger eines schlechten Fürsten zurük, in seine Fußstapfen zu treten. Ehrliebe, wenn er irgend ihrer fähig ist, wird ihn spornen, sein Betragen so einzurichten, daß die öffentliche Meinung sich für ihn erkläre, daß die Geschichte, welche die verdiente Verachtung der Zeitgenossen für seinen Vorfahr auch auf die Nachkommen bringen wird, den Namen des Nachfolgers mit Ehrfurcht nennen müsse.

Die Menschen sind zu sehr geneigt, hohen Rang mit erhabnen Eigenschaften zu verwechseln, zu sehr gewöhnt, ehrfurchtsvoll zu denen hinauf zu blikken, die das Schiksal über sie stellte, daß die Vermuthung nicht gegen die Großen seyn sollte, wenn sie sich über Verletzung der ihnen gebührenden Achtung und Ehrfurcht beschweren. Nur zu oft glauben diese, ihren Untergebnen, ihren Unterthanen nichts schuldig zu seyn, und von ihnen alles verlangen zu dürfen.

Die Höflichkeit der Großen, sagt der Verfasser der Betrachtungen über die Sitten unsers Jahrhunderts, soll in Menschlichkeit, die Höflichkeit derer, die unter ihnen sind, in Dankbarkeit bestehen, wenn die Großen sie verdienen.

Richtiger hätte er vielleicht gesagt: Die Höflichkeit der Großen soll in Anerkennung der Würde der Menschheit, die Höflichkeit derer, die unter ihnen sind, in Beweisen der Achtung für ihre Verdienste bestehen, wenn die Großen die Pflichten, wozu ihr Rang sie verbindet, redlich erfüllen.

Blasphemie
eines
amerikanischen Staatsbürgers,
aus
einem Briefe von Philadelphia
vom 20 December 1794.

„Noch bin ich in dem Staate, dessen Bürger zu seyn ich jetzt die Ehre habe, zu neu, um Ihnen etwas bestimmtes und umständliches über denselben schreiben zu können. So viel indeß sehe und höre ich genugsam, daß Ruhe und die höchste Folgsamkeit gegen die Gesetze darin herrschen, welches gewiß den meisten Menschen Ihres Welttheils unglaublich vorkommen wird, weil wie hier die drei Geisseln, womit die armen Europäer gezüchtigt werden, und welche die Ordnung bey ihnen handhaben, die Könige, den Adel, und die stehenden Heere, ganz und gar nicht kennen; zweitens, daß Wohlstand überall verbreitet ist, und die Basis unsers Regierungssystems nicht, wie in Europa

Europa, auf dem Grundſaße ruhet: Hunger fühlen ſey unpatriotiſch; — vielmehr ſind alle mögliche Nahrungsquellen hier jedem geöffnet, und die Abgaben, welche gefodert werden, ſind ſehr n.⸗⸗⸗g.'

Nützliche Lehren*).

1. Es hängt von den Fürsten selber ab, ob sie für die Geisseln ihrer Völker, oder für ihre Wohlthäter wollen gehalten seyn. Sie dürfen nur die Rechte ihrer Unterthanen ehren; und diese werden ihre Pflichten mit Vergnügen erfüllen. Die Menschen lieben im Allgemeinen schon ihres eignen Vortheils wegen, zu sehr Ruhe und Ordnung, um sich ohne die äusserste Nothwendigkeit zu empören, und wahre Aufklärung trägt am meisten zur Erhaltung des innern Friedens bey. Ein Haufen roher Menschen, der, von unruhigen Köpfen aufgewiegelt, aus Unverstand sich seinen Obern widersetzt, ist leicht zur Ordnung verwiesen; und jeder denkende Staatsbürger hält

---

*) ..... er, die ..... nützliche Lehren nicht kennen, werden vielleicht nicht wissen, was sie zu dieser und der folgenden Aufschrift sagen sollen. Diesen zu ..... merke ich, daß am Ende jeder Erzählung in diesem alten Schulbuche nützliche Lehren und gottselige Gedanken stehen.

Der Herausgeb.

hält es für Pflicht, hierzu mitzuwirken. Wir lieben alle den vaterländischen Boden, sollte er auch unter dem rauhen Clima von Dänemark oder Norwegen liegen. Ein schlimmes Zeichen, wenn selbst Bewohner Deutschlands einen milden Himmelsstrich verlassen, um die nordamerikanischen Wildnisse zu bevölkern; ein schlimmes Zeichen, besonders in unsern Tagen, wo das Vorurtheil von den unermeßlichen Reichthümern, die man ehemals in jenem entfernten Welttheile ohne Arbeit zu erwerben hoffte, selbst unter dem gemeinen Volke verschwunden ist. Niemand wird Freyheit und Ruhe in Amerika suchen, der die erste in seinem Vaterlande genießt, und der letztern auch auf die Zukunft in demselben versichert ist.

II. Der Adel lasse sich Ewalds bescheidne Untersuchung über die Frage: was sollte der Adel jetzt thun? empfohlen seyn, und befolge die darin gegebenen Rathschläge gewissenhaft.

III. Die Fürsten mögen lernen, daß die Liebe ihrer Unterthanen eine beßere Schutzwehr um sie sey, als stehende Heere, und daß ein zufriedenes Volk sein Vaterland besser vertheidige als fremde Miethlinge.

Gottfr=

Gottselige Gedanken.

Das Volk ist überall rege, und hat Augen bekommen; es will und kann keinen gewaltsamen Druk mehr leiden. Der Herr ist es, der solches thut, und diese drohenden und nahen Gefahren vor den Augen der Völker verbirgt; ja durch ihre Verblendung und ihre Gewaltthätigkeiten, wird er solche Dinge vollenden, daß ich im Geiste schon ganz Deutschland im Blute schwimmen sehe. Die Sache ist ernsthaft; und die obersten Fürsten kümmern sich nicht um das Beste ihrer Völker, wenn sie selber nur ihre unsinnigen Leidenschaften, und ihren eingewurzelten Haß befriedigen können. Möchten doch die Fürsten sich bewegen lassen, mit Mäßigung und ohne Gewalt zu befehlen und zu handeln! Möchten sie doch bedenken, daß die Völker jezt nicht mehr das sind, was sie bisher waren! Sie müssen

müssen wissen, daß ganz gewiß in ihren eignen Ländern das Schwert über ihren Matten hängt. *) — Luther.

*) Vulgus concussorum est vulgus et oculos habet, id prensi nec vult nec potest. Dominus est, qui hos haec, et hos minas et internum periculis abscondit ab oculis principum, imo per obscuratem et violentiam eorum reda confirmabit, ut videar nulla velere Germaniam in sanguine natare. Res sera est, et Stulti principes nihil curant populorum causam, modo suas insanias et musserem deis impleant. Utinam moverentur principes, modeste et sine vi stiture et agere; cogitent, populos non esse tales modo, quales hactenus fuerunt; iavent, gladium domesticum suis cervicibus certissime impendere. — Luther. Epist. Tom. XI. operum, Fol. 101

———————

Joseph

Joseph Lebon,
(der Gute.)

Es trifft sich bisweilen, daß Menschen ihren Namen in der That führen; aber wenigstens eben so oft trifft es sich, daß ihr Charakter so wohl im Guten als im Bösen ihrem Namen widerspricht. Es kann jemand **Engel** heissen, und für alle diejenigen, die mit ihm in Verbindung ein **Teufel** seyn; so wie ein anderer **Teufel** heissen mag, in dem seine nothleidenden Mitbürger einen **Engel** finden. Nichts ist natürlicher. Unsre Familiennamen sind etwas willkührliches, und verlieren durch die tägliche Wiederholung ihre eigentliche Bedeutung; sie sind weiter nichts, als die Unterscheidungsnamen gewisser Personen. Indessen fällt es doch auf, wenn der Charakter und die Handlungen gewisser Personen zu sehr mit ihrem Namen kontrastiren; und wir sind sehr geneigt, einen Menschen, der sich schlechter Handlungen schuldig macht, z. B. einen **Ehrlich,** der Spitzbübereien begeht, für desto böser zu halten, da

das

das bloße Ehrgefühl ihn zuvon hätte abhalten
sollen Verbrechen zu verüben, die mit der eigent-
lichen Bedeutung seines Namens in solchem
Widerspruche stehen. Ist es wohl zu vermuthen, daß Joseph Lebon, dessen Proceß gegenwärtig instruirt, unter allen den Abscheulichkeiten, wegen deren er angeklagt ist, sich nie an
die Bedeutung seines Namens erinnerte? und
erinnerte er sich daran, wie schwarz mußte seine
Seele seyn, wenn er nicht vor sich selbst errö-
thete, wenn er sich nicht entschloß, ins künftige
seinem Namen, der in diesen Augenblikken, durch
die Erinnerung an eine moralische Pflicht so be-
deutungsvoll für ihn werden mußte, Ehre zu
machen! Noch auffallender ist es freilich, wenn
Fürsten, denen noch bey ihren Lebzeiten von
ihren Unterthanen der Beyname der Große,
oder der Vielgeliebte beygelegt wurde,
nach ärmlichen Leidenschaften handelten, oder
durch das Elend, das sie über ihre Völker
brachten, die Verwünschungen der Welt und
der Nachwelt auf sich luden. Ein solcher Beyname ist wohl mehr als ein Familienname,
den ein bloßes Ohngefähr uns zutheilt *), und
ver-

*) Daß die Alten, unter andern vorzüglich die Grie-
chen, ihren Kindern absichtlich bedeutungsvolle
Namen beylegten, muß jedem Kenner des Alterthums bekannt seyn.

verpflichtet den, der ihn trägt, sich seiner würdig zu zeigen.

Doch dieß nur im Vorbeygehen. Nun zu Joseph Lebon, dem Tyrannen von Arras, zurück. Guffroy denuncirte ihn in einer öffentlichen Schrift schon vor dem Sturze des Tyrannen Robespierre. Erst kürzlich erschien von eben diesem Repräsentanten eine zweite und auch fühlbarere Denunciation, unter dem Titel: Les secrets de Joseph Lebon et de ses complices, deuxième censure républicaine, ou Lettre d'A.-B.-J. Guffroy...... à la Convention nationale et à l'opinion publique. Es wäre zu weitläuftig und zu ekelhaft, alle Verbrechen des guten Volksrepräsentanten, die diese Schrift enthält, und durch die glaubwürdigsten Zeugnisse beweist, hier nachzuerzählen. Nur einige will ich ausheben, die huldvollich sind, zu zeigen, wie weit der Mensch von seiner Würde herabsinken kann. Revolutionen zeigen den Menschen unter seiner erhabensten, aber auch unter seiner verworfensten Gestalt.

Wüßten wir auch weiter nichts von Joseph Lebon, als daß er das Mordinstrument, womit er Unschuldige würgen ließ, die heilige Guillotine nannte, so würden wir ihn

schen

schon unter die abscheulichsten Bösewichter rech‑
nen, deren Existenz die Menschheit schändet.

Schon ehe das Gesetz vom 22 Prairial 1794
seine Unmenschlichkeiten authorisirte, wüthete
er revolutionsmäßig in Kreus. Mütter, welche
als des Aristokratismus überführt oder verdäch‑
tig in ihren Häusern bewacht wurden, ließ er
in ein Gefängniß bringen, ihre zarten Kinder,
unter dem Vorwande, sie nach bessern Grund‑
sätzen erziehen zu lassen, von ihnen entfernen
und sie in das sogenannte Haus der Gleichheit
einsperren, wo sie täglich Beyspiele der niedrig‑
sten Laster sahen; und dies nannte er repub‑
likanische Erziehung. Er foderte schon damals
von allen Distrikten des Departements und von
allen Nationalagenten der Gemeinden ein ge‑
naues Verzeichniß derjenigen Personen, die
über 50 Livres Abgaben bezahlten,
wobey der Grad ihres Patriotismus
bezeichnet werden sollte. Er suchte schon damals
durch willkührliche Bedrückungen und Plackereien,
auf Nantesser und Pariser Art Meutereien in
den Gefängnissen zu veranlassen, um einen Vor‑
wand zur Ermordung der Gefangenen zu haben.

Den 24 Brümaire schrieb er dem Wohl‑
fahrtsausschuß:

„Ihr

„Ihr schaudert, wenn ihr wollt, daß ich für mich handeln soll, woran mir eben nicht gelegen ist, so laßt mir den Zügel los. Denkt an die funfzig tausend Briefe, an die vollgestopften Gefängnisse, die ich durch das Revolutionstribunal leeren möchte."

Um 27sten desselbigen Monats schrieb er an eben diesen Ausschuß:

„Ich wage es zu glauben, ich war des Schreibens würdig, das ihr an mich erlassen habe. Ihr überlaßt mich meiner Revolutionsenergie; nun soll mich auch zum Wohl des Vaterlandes nichts zurükhalten. Wehe den Verräthern, den Verschwendern, den Verbrechern aller Art! Dicht, wie der Hagel, sollen ihre Köpfe fallen."

„Von diesem Augenblicke an ist das Criminalgericht, bestehend aus lauter derber Sansculotten, permanent. Es wird ohne Aufschub über alle Bürger urtheilen, die aus andern Ursachen, als Verdachts halben, gefangen sitzen. Bey Privatverbrechen sollen die gesetzlichen Formen beobachtet, über alle öffentliche Verbrechen aber, von welcher Art sie immer seyn mögen, soll revolutionair gesprochen werden." ꝛc.

(116)

In einem Briefe von Boulogne vom 6 Februar schreibt er an den Wohlfahrtsausschuß:

„Ich habe seit einigen Tagen nicht geschrieben; sagt aber: desto besser: Joseph le bon arbeitet brav. Ja, ich versichere es euch. Ich mache meine Sachen ganz artig --- es gehen keine vier und zwanzig Stunden vorbey, daß ich nicht drei oder vier, die zur Guillotine reif sind, an das Revolutionstribunal zu Arras abfertige."

In einem andern Schreiben beklagt er sich, daß er bisher Tag und Nacht gearbeitet, und noch nicht den zwanzigsten Theil von dem gethan habe, was nothwendig gewesen wäre.

Genug, um den Tyger zu charakterisiren. Das folgende Stük soll verschiedne seiner Unthaten enthalten, ganz so, wie sie sich von einem solchen Charakter erwarten liessen.

Joseph Lebons Verbrechen.

Fortsetzung des vorhergehenden Aufsatzes.

Am 17ten Floreal ließ Lebon dreizehn Köpfe abschlagen, und zwei Tage darauf acht und zwanzig Menschen aus dem Canton Saint-Pol für Vergehungen hinrichten, wofür sie, wie Güffroy versichert, nicht einmal verdient hatten, als verdächtig eingezogen zu werden.

Er traf mit zwei Bürgern, Thiebaut und Lecocq, die erst mit ihm zu Mittage gespeist hatten, auf dem Gemeindehause zusammen. Sie machen ihm einige Vorstellungen; er läßt sie verhaften.

Zwanzig bis fünf und zwanzig Personen sind angeklagt, für emigrirte Priester Geld zusammengeschossen zu haben. Zwei oder drei von ihnen wurden von den Geschwornen für unschuldig erklärt. Joseph Lebon gerieth in die äußerste Wuth,

Muth, und macht ihnen über ihren Ausspruch öffentliche Vorwürfe. Der Präsident des Tribunals, der öffentliche Ankläger und einer der Geschwornen antworteten ihm lebhaft. Eine solche Widersetzlichkeit gegen einen Tyrannen verdiente den Tod. Der Präsident Beugnier, zwei Leblond, der eine Geschworner, der andre Generaladjudant, und der öffentliche Ankläger Demeusier werden in der Nacht aus ihren Betten geholt, und an Händen und Füßen gefesselt nach Paris geschikt; Gendarmen erhielten Befehl sie in sechs und dreißig Stunden dahin zu liefern. Die Weiber der Unglüklichen wurden, obgleich zwei von ihnen erst niedergekommen waren, sammt ihren Kindern ins Gefängniß geschleppt. Den folgenden Tag reuete es Lebon, die Männer entfernt zu haben. Bin ich nicht ein H....futt, sagte er bald nachher, als er auf St. Justs und Lebas Befehl nach Cambray gekommen war, daß ich die Schurken nach Paris schikte? Hätte ich sie hierher kommen lassen, so wäre es aus, so wäre ich ihrer los gewesen.

Schon vorher hatte er den Revolutionsausschuß zu Arras erneuert, weil die vorigen Mitglieder desselben sich geweigert hatten, zu seinen Ungerechtigkeiten die Hand zu bieten. Eines der neuen Mitglieder war ein Onkel Lebons, ein Mensch,

Mensch, der vormals als Notarius und als Gerichtsdiener fortgejagt war, ein Mensch, der seine eigenen Töchter an Offiziere und andere verkaufte oder ausließ. Eine Aeusserung, die Güstrow bey dieser Gelegenheit von Lebon anführt, sollte beynahe beweisen, daß die zu Anfang dieses Aufsatzes fast unwillkührlich gemachte Bemerkung über bedeutende Namen etwas mehr als Träumerey sey. Eines Tages, vermuthlich vor seiner Sendung nach Arras und Cambray, sagte dieser wüthende Priester zu Güstrow, es thäte ihm wegen der unmoralischen Aufführung seines Onkels leid, Lebon zu heissen; er hätte gerne seinen Namen ändern mögen. War dieß geheuchelte Ehrliebe, als ob er mit einem Niederträchtigen ungern einerley Namen führte? oder entfuhr ihm diese Aeusserung in dem Gefühle, wie wenig er selbst den Namen des Guten verdiente? oder war es unsinnig genug zu glauben, er wäre auf dem rechten Wege; zur Unterdrückung der Gegenparthey wären ihm alle Greuelthaten erlaubt; wäre es ihm selbst erlaubt, durch Einkerkerungen und Mord seinen Privathaß zu befriedigen? Das letztere scheint nicht unglaublich.

Er war vormals ein fanatischer Priester gewesen. Ein Mensch ohne Grundsätze, ein Mensch, der schon aus Temperament zur Ueber-

D 4 spannung

spannung geneigt ist, kann wohl vom religiösen zum politischen Fanatismus übergehen. Lebon hatte es selbst in der Volksgesellschaft zu Arras mehrmals gestanden, er sey so fanatisch gewesen, daß er seinen Vater und seine Mutter getödtet haben würde, wenn er geglaubt hätte, einen Befehl vom Himmel hierzu zu haben. Sollte ein solches Geständniß nicht auf Verrükkung des Verstandes schliessen lassen? In der That, Lebon war schon in Dijon, wo er als Weltpriester die Rhetorik lehrte, rasend gewesen, und um sich selbst und andern nicht zu schaden, gebunden worden; seine Eltern waren beide im Mai des vorigen Jahres noch wahnsinnig, und seine Mutter saß im Tollhause, wo sie sich vermuthlich noch gegenwärtig befindet. Kein besseres Subjekt hätte der Wohlfahrtsausschuß finden können, um das Gouvernement vom Pas de Calais und das vom Norden zu tyrannisiren, als diesen Priester, in dessen Familie der Wahnsinn erblich zu seyn schien, diesen Unsinnigen, dessen reizbare Einbildungskraft so leicht auf Einen Punkt zu heften war, von dem man gewiß seyn konnte, daß er, einmal mit Raub und Blutvergiessen bekannt, seiner Wuth keine Schranken setzen würde. Mehr als wahrscheinlich ist es, daß der Wohlfahrtsausschuß hierauf Bedacht nahm, als er, ohne einmal den Convent darüber zu befragen, und einem ausdrücklichen

Gesetze

Gesetze zuwider, die Errichtung eines Revolutionsgerichts in Arras beschloß, dem Joseph Leben die Einrichtung desselben überließ, und ihn aufmunterte, in Verfolgung der Verräther, der Aristokraten, ꝛc. seine ganze Energie zu zeigen. Als Güstion die ersten Schandthaten des Wahlrichs im Wohlfahrtsausschuß erzählte, seinen Charakter schilderte, und seiner Verrüchtheit und des Wahnsinns seiner Aeltern erwähnte, antwortete Prieur: Das ist eine feine Familie von Wahnsinnigen. Freilich, erwiederte Güffrov, aber es ist nicht fein, eine Guillotine in den Händen eines Wahnsinnigen zu lassen. Und sie blieb in seinen Händen. Das ganze Betragen dieses Menschen, alle seine schriftlichen und mündlichen Aeußerungen zeugen von der äussersten Verderbtheit mit Wahnsinn gepaart, und von der Bosheit derer, die ihn zum Werkzeuge ihrer Absichten brauchten.

Nach seiner Ankunft in Cambray schreibt er an Duquesnoy, einem der getreuesten Gehülfen seiner Verbrechen: „Die Guillotine wird zu Arras noch immerfort mit Macht in Bewegung erhalten; ich erhalte heute von dorther Nachricht, daß sie acht und zwanzig von St. Pol expedirt hat; am nächsten Primidi wird sie hier ihre Helden-

H 5 thaten

thaten anfangen. Bei meiner Abreise von Arras habe ich vorläufig Demeullier, Brugnier und Leblond, ehemaliges Mitglied des Aufsichtsausschusses, welche wegen geheimer Begünstigungen der Aristocratie angeklagt sind, nach einem Verhaftshause in Paris bringen lassen, nebst dem Generaladjutanden Leblond, weil er mich in einer Landgemeine einen Lumpenkerl und Schurken genannt, und daselbst einen Aufstand zu bewirken gesucht hatte." An einen Aufstand war gar nicht gedacht worden.

An St. Just und Lebas schreibt er unter andern: "Die Sansculotten werden heiter; sie merken, daß sie Unterstützung bekommen; es wird ganz lustig gehen. Die Denunciationen fangen schon an, und geben zu neuen Verhaftungen Gelegenheit."

Wie Carrier und der alte Wohlfahrtsausschuß zu Paris, setzte Lebon zu Arras die Namen derjenigen auf, die er wollte morden lassen, und gab den Tag vor der beschlossenen Hinrichtung diese Verzeichnisse den Richtern. Als das Tribunal suspendirt wurde, existirt noch eine solche Liste von mehreren hundert Personen, die zu Arras und Cambray, dem Tode geweihet waren.

Ein

Ein reicher Pächter, Namens Payen, war eingezogen worden, als des Aristocratismus verdächtig, weil er reich war. Einer Sans sagte heden, indem er in Payens Speißsaal trat: Da bin ich also in Payens Saal! wer hätte es denken sollen, als ich hier Placeur war, daß ich eines Tages Herr in diesem Hause seyn würde? Ja, ich bin hier Herr. Payen wird guillotinirt werden, und alles was hier ist, gehört mir; ich verlange Gehorsam. — Er ließ sich dann aufs herrlichste bewirthen, und suchte sich, mit dem Säbel in der Hand, die schönsten Pflugpferde aus, um nach Arras zurückzufahren.

Zu Cambray speißte er einst in Gesellschaft seiner Mordgehülfen, worunter auch der Nachrichter war, der ihm gegenüber saß. Während der Mahlzeit war von nichts als der Geschicklichkeit des letztern im Guillotiniren die Rede. Dieser gab den Ton in der Gesellschaft an. Es wurde viel über die Hinrichtungen gescherzt; und der Repräsentant des Volkes, indem er den Nachrichter betrachtete, vergnügte sich nicht wenig über die lustigen Einfälle seiner Tischgenossen, und trug selbst zu dieser infamen Unterhaltung bei. Er schien mit dem Nachrichter besonders zu sympathisiren. Dieser eingefleischte Teufel hielt einst den blutigen Kopf eines Hin-
gerich-

gerichteten, einem Verurtheilten, der auf dem Blutgerüste stand, mit Verwünschungen unter die Nase. Er erlaubt sich gegen junge Frauenzimmer, vor und bei der Hinrichtung derselben, der schändlichsten Mißhandlungen; der Volksrepräsentant und seine Gemahlin sahen von einem Balkon zu, und bezeugten ihre Zufriedenheit. Derselbige Henker hatte schon zu Arras an zwanzig Leichnahmen hingerichteter Personen beiderlei Geschlechts, welche er mit Hülfe einer Anzahl von Böswichtern ganz entkleidete, Natur und Schamhaftigkeit in einem solchen Grade verletzt, daß die guten Bürger von Schmerz und Abscheu durchdrungen, acht Tage lang sich in ihren Häusern eingeschlossen hatten. Nur einem gerichtlichen Ankläger kann es erlaubt seyn, eine so schändliche Szene umständlich darzustellen. Und jener Henker war der Freund, der Vertraute eines Volksrepräsentanten und seiner Gemahlin.

Aufgebracht über einen Friedensrichter, der ihn zwei Jahre vorher wegen einer gewaltthätigen Handlung seiner Pflicht gemäß vorgeladen, und ihn auf sein Außenbleiben zu einer Geldstrafe von vier und zwanzig Florin verurtheilt hatte, ließ er diesen guten Bürger, dem sein ganzer Canton das ehrenvollste Zeugniß gab, samt seinem

nem Gerichtschreiber, in Verhaft nehmen, und zwei Tage darauf hinrichten.

In einem Dorfe sieht einer von Lebons Geschwornen eine Bäurin, mit einem Kinde von dritthalb Monaten an der Brust, an der Thür ihrer Hütte sitzen. Sie hatte keine Cocarde an. Sage mir, verdammte Aristocratin, ruft der Geschworne ihr zu, warum trägst du keine Cocarde? weißt du wohl, daß ich dich kann guillotiniren lassen? — Ei nein, antwortet die Bäurin, ich bin nie eine Aristocratin gewesen. Ich komme so eben vom Felde, und werde gleich wieder dahin gehen; bei der Arbeit brauche ich keine Cocarde. — Wie, du Pesse, erwiedert jener, du antwortest noch? Ich werde in dem Augenblicke nach Arras gehen, und dich guillotiniren lassen. — Geh', sagte das gute Weib in ihrer Einfalt, geh doch. Wenn du mich deswegen guillotiniren lässest, so haben die Leute wohl Recht zu sagen, daß zu Arras Unschuldige hingerichtet werden, wie das unschuldige Kind, das ich in meinen Armen habe. — Der Unmensch giebt sie bei Leben und seinen Mordgehülfen an; sie wird guillotinirt. Die Schwester des Unglücklichen bricht in laute Klage aus; sie wird von Duquesnoy an das Pariser Revolutionstribunal geschickt.

Lebon ließ die Frau eines gewissen Dechu guillotiniren, weil ihr nach dem Besitze ihres Hauses lüstete.

Der Oberaufseher der Verhaftshäuser bat ihn um die Erlaubniß, daß er die Gefangenen rasiren lassen dürfte. Es sind Bösewichter, war die Antwort; ich werde ihnen mit dem Nationalbarbiermesser den Bart abnehmen lassen.

Es werden ihm Papiere zur Durchsicht gebracht, welche Beweise für die Unschuld eines Gefangenen enthalten. Ich brauche keine Beweise, antwortet Lebon; ich halte mich an das, was mir gesagt ist; er muß hindurch.

Den Tag vor seiner Abreise von Arras nach Cambray, sprang, und stampfte und tobte er vor Wuth, weil der Arzt, der zur Hülfe der gefangnen Kranken angestellt war, diese, anstatt sie ohne Hülfe sterben zu lassen, ins Hospital geschickt hatte.

Er und seine Mordgenossen ließen sich eines Tages verlauten, sie würden bald auch Köpfel revolutioniren, wo sie wenigstens vierstausend Köpfe haben müßten.

In

In den Communen von Cambray und Arras foderten Leben und seine Mitmörder die Sansculotten auf zu denunciren, unter der Drohung, die Patrioten, die niemanden angäben, unter die Guillotine zu bringen. Der erstere beklagte sich in einem Schreiben an Lebas, über die wenigen Denunciationen zu Cambray, ob er gleich eine heftige Rede wider den Fanatismus gehalten hätte.

"Ihr, meine braven Kerle, sagte Carrier in einer Volksgesellschaft zu Nantes, meine guten Sansculotten, die ihr in der Dürftigkeit lebt, indeß die andern alles im Ueberflusse haben; wißt ihr nicht, daß alles, was die großen Kaufleute, die Reichen besitzen, euch gehört? Es ist Zeit, daß die Reihe, zu genießen, auch an euch komme. Bringt Anzeigen bei mir an; das Zeugniß zwei guter Sansculotten wird mir hinreichend seyn, um die Köpfe der großen Handelsleute abschlagen zu laßen." Eben so redete Lebon zu Arras und Cambray. — "Sansculotten, sagte er hinzu, für euch wird guillotinirt; wenn nicht mehr guillotinirt wird, so werdet ihr nichts mehr haben, so werdet ihr Hungers sterben. Die Sansculotten müssen itzt an die Stelle der Reichen treten. Diese belustigten sich bisher

den

den ganzen Tag über; Sansculotten, das mag für euch hinreichen, um von nun an nur der halben Tag zu arbeiten, und euch die übrige Hälfte des Tages zu erholen."

Ein Tagelöhner beklagte sich einst gegen ihn über seine Dürftigkeit, die von seiner Faulheit herrührte. „Und das macht dich so verlegen, verdammter Dummkopf? sagte Lebon. Wohnt denn kein Reicher, kein Adelicher, kein großer Kaufmann... in deiner Straße? Mache mir eine Anzeige gegen ihn; ich will dir sein Haus geben; du sollst darin wohnen, und alles voll auf haben."

Er übte, wie schon die obenerwähnten Geschichten von Payen und der Dechy beweisen, diese Lehren, die er den Sansculotten gab, selber treulich aus. Auch in dem Hause einer Bürgerin von Cambray, Namens Fauvel, gab er einen Beweis von seiner mit Mordlust vereinbarten Raubsucht. „Sage, so apostrophiert ihn Gäffray, sage der Justiz, was hattest du mit deinen beiden Geschwornen in dem Hause der Bürgerin Fauvel in Cambray zu thun? Sage uns, warum du dort mehrmals die Siegel abnahmst und abnehmen ließest, ohne daß Jemand widersprach. Ich habe das Verzeichniß von den Juwelen, von dem kostbaren Leinenge-
räth,

rath, und andern Sachen von Werth, die damals weggekommen sind. Warum sagtest du, nachdem du für dich ausgesucht hattest, zu den Aufsehern dieses Hauses, sie könnten nun auch ihren Theil nehmen, weil der Kopf dieser Frau binnen wenig Tagen fallen würde?"

Einer seiner treuen Diener, ein Ruhlamacher von Profession, Coubrieres, sagte in Beisein mehrerer Bürger zu ihm: „Ich habe so eben verschiedene Personen verhört. Es ist lustig, ich fand keinen Grund, sie guillotiniren zu lassen; aber sieh' da! — du verstehst mich — durch verschiedene Umwege habe ich sie so hingeführt, daß ihr Kopf morgen fallen wird. — Die sind zum Henker." Leben und seine würdige Gemahlin wollten vor Lachen bersten. Das war ein Mann für Leben. Der war nicht so gewissenhaft, wie der öffentliche Ankläger Dermeulier, der auch wegen seiner Widersetzlichkeit, wie schon oben bemerkt worden, in Ketten und Banden nach Paris geführt wurde.

Diesem warf der Volksrepräsentant gleich zu Anfang vor: er hätte sich nicht zur Höhe der Grundsätze erhoben; er ginge nicht rasch genug. — Ich bin so revolutionärisch gesinnt wie du, sagte Dermeulier. Gieb mir Regeln und Gesetze; und ich

J   werde

werde so rasch gehen, wie du immer verlangen kannst; aber ohne Regeln und Gesetze kann ich nichts anfangen. — Verdammter Dummkopf, erwiederte Leben, „Regeln! braucht es Regeln bei einer Revolution? ... Eine Anklagacte gemacht, und damit verwärts. — Dies war dem öffentlichen Ankläger nicht genug, gieb mir Regeln und Gesetze, sagte er noch einmal, und ich werde meine Pflicht thun." Voll Zorn befahl ihm Leben nach Paris zu gehen, sich mit einem von Robespierres Freunden, Herrmann, zu besprechen, und in fünf Tagen zurük zu seyn. Demeulier spricht mit Hermann. Du bist ein grosser Neuling, sagt ihm dieser; was für Bedenklichkeiten! ... Hier wird das so gemacht... Es wird eine Liste aufgesezt, und dem Repräsentanten zur Genehmigung vorgelegt.... Hier ist es Robespierre, oder der Wohlfahrtsausschuß, der die Genehmigung giebt. Dann wird im Allgemeinen requirirt; die Geschwornen erhalten ihre Anweisung; und damit ist es aus. —

Als Lebon gegen den oben schon genannten Papen Zeugen brauchte, gab er folgenden Befehl: „Im Namen des Französischen Volks giebt Joseph Lebon den Municipalbeamten von Neuville-la Liberté den Auftrag, alle diejenigen, männlichen und weiblichen Geschlechts, zu verhaften, und noch Arras an das Departement zu liefern, die in den Jahren 92 und 93 nicht bei den constitutionellen Priestern in die Messe gegangen sind; eine damaliger Zeit nothwendige Somse."— Seine Absicht hierbei war: er wollte diese armen Landleute durch Schrecken zwingen, gegen Papen, welcher vormals bei ihm die Messe verfäumt hatte, auszusagen.

In einem Schreiben an den Wohlfahrtsausschuß sagt er unter andern: „Die Guillotine erwartet mit Ungeduld ihre Beute. Die Richter sind in voller Arbeit. Tausende von Zeugen, die ich gestern in einer feierlichen Proclamation aufgefodert habe, alles auszusagen, was sie wüßten, da Strafe als Mitschuldige angesehen zu werden, drängen sich zum Tribunal. Das Exempel wird so

J 2 fürche

fürchterlich seyn, daß es die Boshaften und Verstorbenen bis auf die zwanzigste Generation abschrecken soll."

Der Oberaufsichtsausschuß zu Aeras hatte Bedenken gefunden, einen Bürger, gegen den keine gegründete Anzeigen da waren, verhaften zu lassen. Leban schrieb an den Ausschuß: „Der ehemalige Präsident Mabre ist reich, und hat Talente. Der Oberaufsichtsausschuß wird also so gut seyn, mir die Beweise mitzutheilen, die derselbe von seinem Bürgersinne gegeben hat, um nicht, wie andre seiner Klasse, in Arrestationsstand gesetzt zu werden. Ich erwartete auf morgen diese Nachweisungen." — In einer beygefügten Akte setzt er noch hinzu: „Der Mann scheine ihm eine besondere Art zu denken zu haben, die er sich scheue, zu erkennen zu geben. Wer aber, fährt er fort, sich scheuet, seine Art zu denken zu erkennen zu geben, der denkt, allem Ansehen nach, falsch, und wird gefährlich. Setzt ihn hin, wo hin ihr wollt, bis auf weitere Verfügung."

Die

Die Proscriptionslisten, nach denen er verhaften, verurtheilen und guillotiniren ließ, wurden in Saufgelagen gemacht, wo er sich mit Demory, Balland, Dalbet, Saudrieres und andern betrank. In einem dieser Gelage wurde von der Menge der Gefangenen und von der Schwierigkeit gesprochen, sie einzeln aus dem Wege zu räumen. Zum Henker, sagte einer von der Gesellschaft, da ist bald zu rathen; man darf ihnen nur eine Schanke Bränkwan zu treffen geben. Nein, sagte ein anderer, man muß ihnen die Suppe in einem großen kupfernen Kessel kochen, man muß, als aus Unachtsamkeit, Spangrün darin ansetzen lassen ꝛc. Dieses abscheuliche Project blieb unausgeführt, weil es bekannt ward.

Frauenzimmer, deren Miene seiner Gemahlin mißfiel, ließ leben als Nektarpressinnen einkerkern.

Er und seine Rotte, wie Gastrop sie nennt, lachten, wenn im Schauspielsaale oder bey öffentlichen Festen besoldete Buben gutgekleideten Bürgern und Bürgerinnen die Kleider be-

J 3   schmutzten

schnupften oder die Mäntel zerschnitten. In Arras ließ er einst den Polizeysoldaten befehlen, alle Frauenzimmer, die sie an öffentlichen Orten und auf den Spaziergängen in Sonntagskleidern finden würden, in Verhaft zu nehmen.

Er selbst verübte mit eignen Händen an dem schwächern Geschlechte die gröbsten Gewaltthätigkeiten. Auf den Wällen von Arras findet er zwei Frauenzimmer, Mutter und Tochter, sitzen, welche auf Rath des Arztes, wegen einer Unpäßlichkeit der letztern, einen Spaziergang unternommen hatten. Von drei seiner Gesellen begleitet, nähert er sich ihnen, und Cabrines, einer von der Bande, schießt eine Pistole los. Die Mutter hatte ein Buch in der Hand; mit Ungestüm fodert er es von ihr, und will es zerreißen. Sie weigert sich, es zu geben; der Revolutionsheld droht, ihr mit dem Gefäße seines Säbels den Kopf einzuschlagen. Geben Sie ihm das Buch hin, sagt die Tochter; es enthält nichts schlimmes — es war Miß Clarice Harlow, aus dem Englischen übersetzt. — Voller Wuth giebt ihr Leben einen so heftigen Stoß vor die Brust, daß sie zur Erde fällt.

fällt. Er fodert von beiden ihre Taschenbücher, und giebt sie ihnen, da er nichts verdächtiges darinn findet, zurück. Hierauf befiehlt er der Tochter, sich auszukleiden. Erschrocken wirft sie Mantel und Halstuch ab. Joseph Lebon wählt ihr im Busen herum, und zerkrazt ihr die Brust, indem er seine Hand wieder heraus zieht. Dann führet er selbst mit seinen Beglei-
tern beide in ein Gefängniß, woraus sie indeß den folgenden Tag befreit wurden.

Mordgier und thierische Wollust sind fast immer beysammen. Tausend Beyspiele, welche uns die Geschichte von ältern und neuern Tyran-
nen aufbewahrt hat, bestätigen die Wahrheit dieser Beobachtung. Lebons Büttel gehört in ihre Reihe. Er selbst, der Volksrepräsentant, stellte, unter der Benennung von Bällen und Festen, Lustbarkeiten an, die die Sittsamkeit zu beschreiben verbietet; und Eltern wurden be-
droht, als Verdächtige behandelt zu werden, wenn sie sich weigerten, ihre Töchter in diese infamen Versammlungen zu führen. Und eben dieser Elende, der bis unter die Thiere herab-
gesunken war, ließ Bürger, die ihn nicht grüß-
ten,

ten, einkerkern, unter dem Vorwande, sie
hätten die der Nationalrepräsenta-
tion gebührende Ehrfurcht verletzt.
Über auch, wenn jemand ihn zitternd grüßte,
hieß es: du wagst es nicht, mich anzu-
sehen; du grüßest aus Heuchelei;
Aristokrat! eingekerkert!

Ende des ersten Hefts.